SABINE FELDWIESER

DIE WORTFINDER E.V.

Meine Getanken sint wichtik

110 Fragen & 348 Antworten

PHILOSOPHIE & ETHIK

RELIGION & GLAUBE

TOD & STERBEN

„Denken ist wundervolles Dasein“

Friedrich Bahlo

Die Erfahrung, dass Denken wundervolles Dasein ist, machten mehrere hundert Autorinnen und Autoren während des Schreibens für die vorliegende Buchreihe. Sie alle eint nicht nur die Freude am Denken und am Mitteilen ihrer Gedanken, sondern auch, dass sie eine so genannte geistige oder intellektuelle Behinderung haben. Freude am Denken – geistige Behinderung? Noch immer stutzen viele, wenn sie derlei hören. Sie können sich nur schwer vorstellen, dass behinderte Menschen lesenswerte Texte verfassen. Daran etwas zu ändern und den Gedanken dieser Menschen Gehör zu verschaffen, ist das Anliegen des Vereins „Die Wortfinder“.
Der vom 15jährigen Autor Markus Schatz geschriebene Satz „Meine Getanken sint wichtik“ steht deshalb auch sinnbildlich für das gesamte Projekt und ist Titel des ersten Buches. In ihm steckt die Botschaft: Auch Menschen mit einer intellektuellen Behinderung brauchen ein Umfeld, das die Neugier und das Denken weckt. Es ist wichtig, sie darin zu unterstützen, sich

selbst mit ihren Gedanken ernst zu nehmen. Und es ist eine gesamtgesellschaftliche Atmosphäre anzustreben, in der sie ihre Gedanken angstfrei äußern können und in der sie gehört und verstanden werden.

Aus diesem Grund starteten „Die Wortfinder" 2014 das Projekt „Fragen und Antworten". Zunächst riefen wir Menschen mit intellektueller Behinderung dazu auf, Fragen einzureichen. Rund 2500 Fragen kamen bei uns an. Wunderbar simple Fragen wie „Warum steht das Reh im Wald?" und alltagspraktische wie „Wie oft muss man sich waschen?" stehen neben naturwissenschaftlichen, nahezu dadaistischen bis hin zu philosophischen und ethischen Fragen. Nach Inhaltsbereichen sortiert und von uns ergänzt um weitere Themen, ging eine Auswahl von knapp 1000 Fragen in die zweite Runde. Nun waren Antworten gefragt. Über 400 Autorinnen und Autoren zwischen zehn und 88 Jahren aus dem gesamten deutschsprachigen Raum haben sich an der Suche beteiligt.
Interessant ist, dass gerade die philosophischen Fragen am meisten Zuspruch fanden. Die Fragen also, bei denen eigenes Denken, eine eigene Meinung gefragt ist. Es sind die großen Fragen nach dem Sinn des Lebens, nach einem guten Leben und die Themen Liebe, Freundschaft und Heimat, zu denen wir die meisten Antworten erhielten.
Die eingereichten Texte haben oft ein hohes Niveau. Sie machen deutlich, dass die Qualität und Originalität der Gedanken nicht zwingend abhängig ist von der Schreibkompetenz und von sprachlichen Höchstleistungen. Für die Jury war es eine große Aufgabe, aus den rund 3000 eingesandten Texten eine

Auswahl zu treffen. Es sind persönliche, witzige, philosophische, schräge, berührende, unerwartete, kluge, beeindruckende Antworten, die nun in den Büchern zu finden sind und die manchmal gerade auch in ihrem Zusammenklang spannend werden.
Bei allen Antworten steht jeweils der Name des Autors sowie sein Alter zum Zeitpunkt des Schreibens. Wir haben die Texte hinsichtlich Rechtschreibung weitgehend so belassen, wie sie uns erreicht haben.
Im dritten Teil des Projekts konnten sich Künstlerinnen und Künstler mit einer intellektuellen Behinderung als Illustratoren für die Bücher bewerben. Dafür mussten sie vier vorgegebene Begriffe illustrieren. Eine fachkundige Jury wählte aus den insgesamt 170 Einreichungen 20 Künstler aus Deutschland, der Schweiz und aus Österreich aus. Bewusst solche mit sehr unterschiedlichen künstlerischen Handschriften: reduzierte Bleistiftstrichzeichnungen, detailreiche Buntstiftzeichnungen, vielschichtige Aquarelle, farbintensive Malereien. Jedem Künstler teilten wir, entsprechend seiner Vorliebe, einen Themenbereich zu. Wir schickten ihm die Texte „seines" Kapitels samt Anregungen, welche Begriffe sich gut für eine Zeichnung anbieten. Und dann machten sich die frisch gebackenen Illustratoren an die Arbeit. Für alle war dies eine ganz neue, spannende und herausfordernde Aufgabe, die sie über mehrere Wochen in Anspruch nahm. Eine Herausforderung, die alle 20 Künstler wunderbar gemeistert haben.
In jedem Buch illustrieren nun fünf Künstler je einen Themenbereich. Zu Beginn „ihres" Kapitels stellen sie sich und ihre Kunst dabei mit einem Selbstporträt und ein paar Worten vor.

Aus dem umfangreichen Text- und Bildmaterial entstand so ein fast 1000 Seiten umfassendes und mit mehr als 500 Zeichnungen bebildertes vierbändiges (Nachschlage-) Werk.
Der vorliegende erste Band widmet sich philosophischen, ethischen und religiösen Themen. Auf die große Frage nach dem Sinn des Lebens halten die Autoren ebenso vielfältige Antworten bereit wie auf die Frage, was ein Mensch ist (ein Wesen, das gerne singt und telefoniert), wann ein Mensch böse ist (wenn er knutscht) und wie die Gedanken in den Kopf kommen. Die Autoren überlegen nicht nur, ob es Gott wirklich gibt und wie man sich ihn vorstellen kann, sondern auch, ob er sich rasieren muss und wieso er selbst auch betet. Viele tiefe und nachdenkliche Gedanken finden rund um das Thema Tod und Sterben Raum. Man erfährt sogar, warum Eskimos im Eis beerdigt werden.
Band 2 „Und die Welt klingt wie Musik“ widmet sich schwerpunktmäßig den gesellschaftlichen Themen Politik, Behinderung, Kultur und Freizeit. Im dritten Band mit dem Titel „Wenn man verliebt ist, wird das Herz ganz rot“ spielt Zwischenmenschliches die Hauptrolle. Es geht um Liebe, Freundschaft, Familie und Sexualität. Band 4 „Warum steht das Reh im Wald?“ behandelt naturwissenschaftliche Themen, erkundet die Tierwelt und allerlei mehr, zum Beispiel das Thema Heimat.

Die Motivation, dieses umfangreiche, viel Zeit und Geld verschlingende Projekt durchzuführen, beschrieb ich eingangs: Die Gedanken der Menschen mit intellektueller Behinderung sollen in die Welt kommen und wahrgenommen werden. Was

ist nun der Gewinn für die beteiligten Autoren, Künstler, Begleiter und die Leser der Bücher?
Jeder Mensch hat ein Ausdrucksbedürfnis. Dieses kann unter anderem durch Reden, beim Schreiben und im künstlerischen Tun gelebt werden. Auch Menschen mit einer so genannten geistigen Behinderung möchten mit ihrer intellektuellen Seite wahrgenommen werden. Diesem Bedürfnis entspricht eine Atmosphäre, die von gegenseitiger Achtsamkeit, Wertschätzung, Offenheit und Vertrauen geprägt ist. In einer solchen Atmosphäre können Menschen mit und ohne Behinderung miteinander reden, philosophieren, schreiben und zeichnen. Wichtig ist dabei, dass niemand Äußerungen als richtig oder falsch, besser oder schlechter klassifiziert. Solche Gespräche und das schriftliche Fixieren der Ideen – selbst aufgeschrieben oder diktiert – erweitern den Horizont und steigern die Fähigkeit, eigene Gedanken und Gefühle in Worte zu fassen. Die Autoren berichten, dass ihnen dies viel Freude und Spaß bereitet und dass sie sich anerkannt und wichtig fühlen, wenn sie ihre Gedanken frei äußern können und diese von anderen aufgegriffen werden. Sie sind stolz darauf, ein eigenes Werk in Händen zu halten. Der Schweizer Autor Benjamin Abgottspon meint: „Das Schreiben gefällt mir sehr, da ich mit dieser Schreibart vermehrt meine Sicht der Dinge und des Lebens formulieren kann. Das gibt mir Selbstvertrauen." Die Gespräche und das Schreiben über unterschiedliche Themen vermitteln auch Rüstzeug für die Meisterung des Alltags. Die Autoren lernen Neues kennen, verstehen die Welt und ihre Zusammenhänge dadurch besser. So können sie am öffentlichen Diskurs teilhaben. Das Redaktionsteam Jo.Z. schreibt: „Schreiben bedeutet

für uns, uns anderen mitzuteilen. Ein Stück Teilhabe am gesellschaftlichen Leben."

Auch für die Begleiter sind die philosophischen Gespräche und Schreibwerkstätten oft eine lustvolle und spannende Herausforderung und eine wohltuende Abwechslung im Arbeitsalltag. Sie kommen nicht nur selbst über unterschiedlichste Themen ins Nachdenken, sondern erhalten auch Einblick in die Vorstellungswelt der Menschen, die sie begleiten. So lernen sie diese besser und anders kennen. Gerade in der gemeinsamen Suche nach Antworten kann sich die Beziehung zu den betreuten Menschen intensivieren und eine Begegnung von Mensch zu Mensch wird möglich. Oft wohnen den zutage tretenden Gedanken auch hilfreiche Handlungsimplikationen für den Alltag inne.

Und die Leser? Nun, sie können sich an den Büchern erfreuen. Alleine zuhause, beim gemeinsamen Lesen im Freundeskreis, in philosophischen Zirkeln, beim Einsatz im Schulunterricht. Beim Durchblättern kann man schmunzeln, staunen, berührt sein, traurig werden, lachen. Der Leser kommt ins Nachdenken über die Fragen, über seine eigene Sicht auf die Welt und vielleicht auch über seine Sicht auf Menschen mit einer Behinderung. Vielleicht wird er durch die Begegnung mit den Gedankenwelten neugierig auf die dahinter stehenden Menschen, bekommt Lust auf Austausch, auf eine Begegnung in der Realität. Zum Beispiel bei einer inklusiven Schreibwerkstatt.

Stichwort Inklusion. Die Frage-Antwort-Bücher sind ein Projekt im inklusiven Sinn. Inklusion bedeutet ein selbstverständliches Dabeisein von Menschen mit Behinderung in allen

Lebenszusammenhängen. Das heißt auch, dass Menschen mit einer intellektuellen Behinderung gehört werden, dass man mit ihnen über alle Themen ins Gespräch geht, dass ihre Meinung zählt. Dass man nicht, wie immer noch viel zu häufig, über sie spricht, sondern mit ihnen. Es ist kein Zufall, dass viele Autoren auf die Frage, was Inklusion ist, geantwortet haben, sie wüssten es nicht. Wenn diese Bücher, und damit die Gedanken von mehreren hundert Autoren und Künstlern mit einer so genannten geistigen Behinderung, Grundlage für Unterrichtsprojekte werden, dann ist dies sicherlich auch gelebte Inklusion.
Grietje Kurtzweg, eine der Autorinnen, schreibt auf die Frage, wie das Zusammenleben unterschiedlicher Menschen gelingen kann: „Es ist wichtig andere Leute zu kennen." Dieses Kennenlernen, verstehen, wie sie die Welt sehen, ist Grundlage für eine liebevolle Beziehung zum Du. Die Bücher ermöglichen ein Kennenlernen, ermöglichen Begegnung, Blickwechsel und eine Erweiterung des Horizonts. Und genau dies ist es, was letztlich den Weg zu einer gelingenden Inklusion ebnet.
In diesem Sinne wünsche ich allen, die diese Bücher in die Hände bekommen, viel Freude damit.

Sabine Feldwieser

PHILOSOPHIE & ETHIK

Illustrationen

Eric Zimmermann

* 1996 in Luzern (Schweiz)

Eric Zimmermann

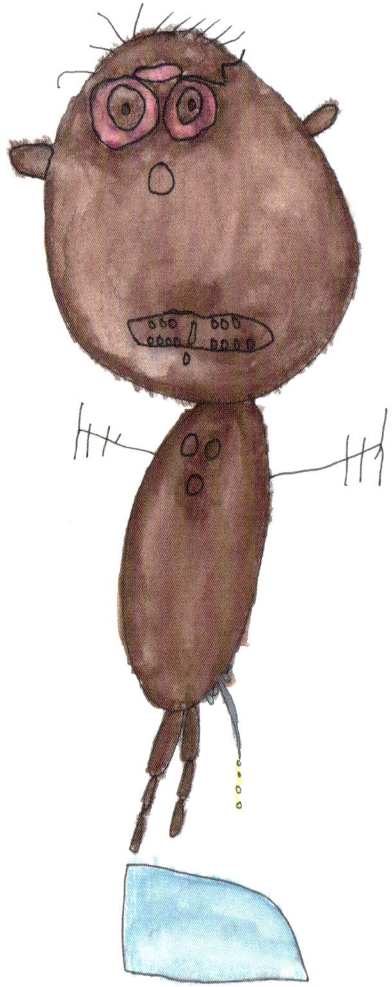

Als Künstler möchte ich nie aufhören Bilder zu machen.

Ich wohne bei meinen Eltern und bei meinem Bruder an Wochenenden. Mir gefällt es auf meiner jungen Erwachsenengruppe „Gate 18". Ich bin im HPZ Sunnebüel in Schüpfheim zu Lehrerinnen zur Schule gegangen.
Ich mag gerne Tiere. Kollegen habe ich auch gerne.
Ich will mal eine Freundin finden.

Ich gehe gerne ins Malatelier. Ich liebe es, Künstler zu sein und mache gerne meine Kunst. Ich zeichne gerne meine eigenen Ideen und schreibe gerne eigene Geschichten. Ich habe immer eigene Ideen, schreibe mir die Geschichten an meinen Wochenenden zu Hause auf oder auf der Wohngruppe während der Woche. Oft übertrage ich diese dann in meine Bilder. Das macht mir sehr großen Spaß. Mir gefällt es auch, die Bilder anderen Menschen, besonders meiner Familie zu zeigen. Ich finde mich gut als Künstler Eric. Als Künstler möchte ich nie aufhören Bilder zu machen.

Hat das Leben einen Sinn?
Wenn ja, was ist der Sinn des Lebens?

Das Leben soll man sich so
schön wie möglich machen.
Wenn ich fröhlich bin,
hat das Leben mehr Sinn,
als wenn man traurig ist.

Kaffee
noch nen Kaffee
noch nen Kaffee
Mittagspause
Feierabend!

Peter Siewert, 46 Jahre

Das man alles mögliche machen kann, das was eine(r) einfeld.

Gertrud Hausladen, 48 Jahre

Ja, für Musik hören.

Achim N., 26 Jahre

Ja das Leben hat einen Sinn. Das kann vieles sein.
Alle Sachen, die es auf der Welt gibt.

Andreas Gründling, 43 Jahre

Ein Leben ohne Sinn kann man sich gar nicht vorstellen.
Der Herr im Himmel hat uns das Leben geschenkt.
Jedes Leben hat einen Sinn.
Wenn es auf dieser Erde keine Lebewesen oder
Menschen geben würde, dann ist alles so leise.
Am wichtigsten könnte leben sein.
Jeder von uns ist nur einmal am Leben.
Beim Sterben hört es auf und wird zu Staub.

Maria Trojer, 25 Jahre

Hat das Leben einen Sinn? Wenn ja, was ist der Sinn des Lebens?

Manchmal ja.
Sachen, auf die man sich freut.

Katharina Hahne, 29 Jahre

Gott zu dinen um in
den Himmel zu kommen.

Walter Grohma, 62 Jahre

Viele meinen, der Sinn des Lebens besteht darin, so viel wie möglich zu besitzen. Doch Leute, bitte, überlegt doch mal korrekt, was hätte man denn davon, wenn man alles für sich allein hat? Ist und bleibt man doch allein bis zum Dahingehen, drum ist's doch besser, zu teilen. Genau weil man so viel hat, kann man doch etwas abgeben. Daher besteht und ist der Sinn des Lebens für mich: zu teilen. Denn wenn man das tut, bekommt man viel mehr zurück.

Diana Jäger, 23 Jahre

Ja es hat einen Sinn das Leben. Man lebt für seine Familie um erwachsen zu werden und arbeiten zu können und um selber Familie zu gründen und irgendwann zu sterben. Das ist der Sinn des Lebens.

Stefanie Debnar, 26 Jahre

Das meiste, was wir heute machen hat seinen eigenen Sinn, wie das Schreiben, das Lesen, alles hat seinen eigenen Sinn, wie zum Beispiel eine Freundin zu finden, um seine Gene weiterzugeben (zuerst Bekanntschaft) oder Buchstaben lernen für die Kommunikation. Aber man muss sich ganz langsam den Sachen nähern um sie zu erlernen. Vor dem Kindergarten fangen wir schon an zu lernen, was einige Worte für einen Sinn ergeben. Aber in der Schulzeit, Arbeitszeit und auch als Rentner kann man immer Sachen erlernen, die einen Sinn ergeben. Aber als Toter leider nicht mehr – dann heißt es nur noch GAME OVER.

Mick Pisu, 27 Jahre

Hat das Leben einen Sinn? Wenn ja, was ist der Sinn des Lebens?

Das Leben hat viele Seiden. Und Manche sind auch nicht so schön. Und das macht es auch interessant. Das Leben ist nicht nur aus Licht oder Schaden sondern aus verschiedenen Schattierungen. Jeder hat in sein Leben auf und abs. und muss sich manchen heraus Forderungen stellen. Es ist doch so alles ist endlich und jeder muss mal gehen und deswegen sollte man etwas schaffen das von einen bleibt und sein Leben so gestalten das man mit sich und seinen Umfeld in reinen ist.
Wir leben doch heute nur noch in Hektik und Stress weil man sich was beweisen will und das ist falsch man sollte vielmehr sein Leben ruhiger angehen lassen und vieles gelassener sehen, den was bringt es wenn man sich fertig macht. Das Leben ist so kurz um sich über alles Gedanken zu machen und sich alles anzunehmen. Das Leben hat viele Seiten wir müssen Sie nur gestalten.

Norman Saß, 25 Jahre

Vielleicht liegt der Sinn des Lebens in der Vielfalt und jeder hat seinen eigenen kleinen Sinn.

Laura Lange, 27 Jahre

Hat jeder im Leben eine Aufgabe? Wie findet man sie heraus?

Die Aufgabe des Lebens entwickelt sich an der Zeit von selbst wie wir es meistern. Man weiß, was man sich überlegt hat und das tut man auch.

Volker Darnedde, 53 Jahre

Ja Jeder hat im Leben seine Aufgabe Wenn mann Auf sein eigenes Leben aufbasst hegt und pflegt mann hat im Leben nur ein Leben da finde ich die Antwort heraus.

Sebastian Wenzel, 28 Jahre

Woher weiß man, was man will?

Weil man mir das sagt.

Katharina Hahne, 29 Jahre

Ich weiß, was ich will, wenn sich nach meiner Entscheidung ein wollig warmes Gefühl im Körper ausbreitet.

Jonas Schönenberg, 56 Jahre

bin schlau!
weiß was ich will!
Immer!

Peter Siewert, 46 Jahre

Was ist Pech?

Wenn ich keinen Benzin für
Meinen Rasenmäherbuldog habe,
habe ich Pech gehabt.

Markus Schatz, 15 Jahre

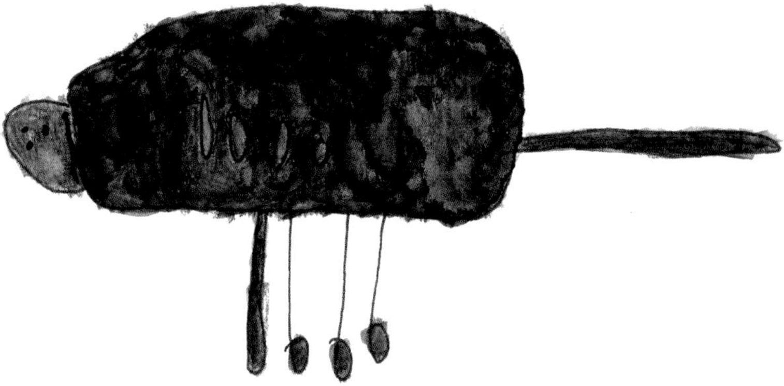

wen dir eine schwarze Kaze
über den Weg lauft. wen dir ein
Klawir auf dein Kopf felt. wens
dich auf die schnauzen haut.
wen du gegen eine Stange renst.
wenst du ausruscht und foll
auf die zwölf.

Rene Saiger, 16 Jahre

Was ist Pech?

Wen du kein gluk hast.
Wen Menschen was machen
und das nicht fonksonirt.
Pech ist eine schwarz Flusichkeit.

Anja Albrecht, 16 Jahre

Was ist Pech?

Wen man immer wider ales
kabut macht und die
Waschmaschine nicht ausschaltet
und den Hert laufen last und
dan den Arm ferbrend und
den Bus ferbast hat und die
Mama sagt ich kom ein
bischen speder nach Hause.

Christian Böhm, 16 Jahre

Aschenputtel,
das ist Pech.

Jan S., 29 Jahre

Pech ist, wenn man zu spät
kommt und die Torte z.B. alle
ist. Dann sagen sie: „Pech
gehabt!“ Irgendjemand hat
dann mein Stück mitgegessen.
Der hat dann Glück gehabt
oder großen Hunger.

Peter Beilstein, 46 Jahre

Pech hat man wenn man hinfählt
Pech hat man wenn man verliert
Pech hat man wenn was kaputt
geht

Sven Kömmpel, 27 Jahre

Was bestimmt unser Leben? Ist es der Zufall, gibt es ein Schicksal?

Es hengt teilweise von uns selbs
und zufall ab.

Walter Grohma, 62 Jahre

Der Wille bestimmt unser Leben,
der Zufall hilft uns nur ab und zu
aus der Patsche.

Mick Pisu, 27 Jahre

Was ist das Schicksal? Wer bestimmt es?

Glück ist Schicksal.
Mein Gummiball.

Daniel Dènervaud, 19 Jahre

Was ist das Wichtigste im Leben?

Liebe
Liebe
Liebe
Liebe
Liebe kann alles,
Liebe macht mich fest,
Liebe macht warm,
Liebe ist im Herz und im Bauch.

Peter Siewert, 46 Jahre

Glück zu haben! Wenn man irgendetwas macht, was einen glücklich macht, dann kann man sehr froh sein. Was mich glücklich macht z. B. ist, dass mich meine Betreuer im Wohnheim so respektieren, wie ich bin.

Robertino Rims, 49 Jahre

Was ist das Wichtigste im Leben?

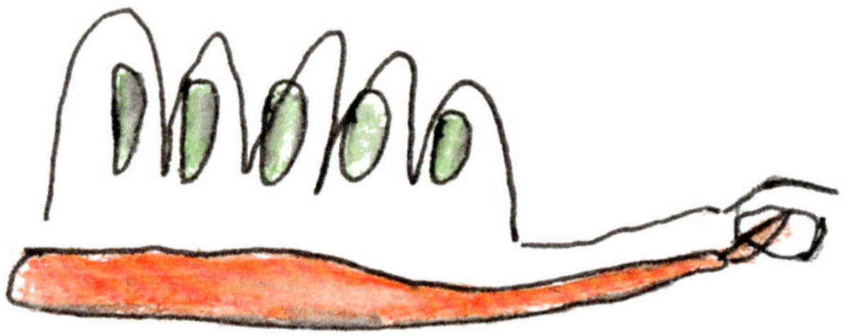

Rausgehen in die Natur.
Ich häkle auch sehr gern und
male Kunstwerke.

Marko Seifert, 48 Jahre

Dass man auch mal Freude hat, Freude tut gut,
ist ganz wichtig.

Lieselotte Steinmeier, 78 Jahre

Die Zukunft.
Dazu gehören Gesundheit und viel Humor.

Andreas Gründling, 43 Jahre

Malen.

Gerd Numberger, 37 Jahre

Freunde! Weil das Leben dann viel schöner ist.
Ohne Freunde ist man einsam und traurig.
Aber wenn man doch mal traurig ist, dann
kommt ein Freund und nimmt einen in den Arm.
Dann ist alles ganz schnell wieder in Ordnung.

Peter Beilstein, 46 Jahre

Was ist das Wichtigste im Leben?

Ein gutes Selbstbewusstsein, das dir den Rücken stärkt.

Nico Altmann, 27 Jahre

Meine Freunde sind wichtig im Leben und meine Mama.

Heike Kehr, 36 Jahre

Was braucht man wirklich?

Wichtig ist, dass man liebe Eltern hat und sich geborgen fühlt.

Wiebke Meyer, 21 Jahre

Zuneigung, damit man in seinem Leben das Gefühl hat, was wert zu sein.

Robertino Rims, 49 Jahre

Was braucht man wirklich?

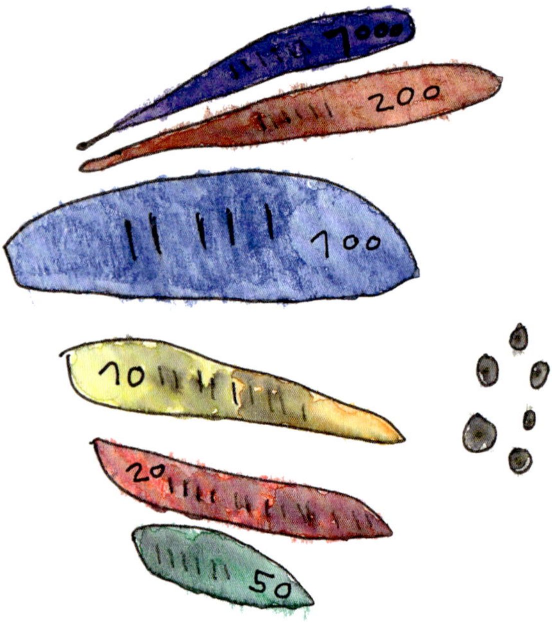

Gesundhet Arbeit Gelt Glück.

Walter Grohma, 62 Jahre

Was ist das Allerschönste im Leben?

Das allerschönste im Leben ist seine Familie zu haben das alle um dich herum sind ein Freundin die der du liebst, und wenn man Vatter ist das beste was ist gibt und wenn man sich ein eingingen haus zu haben mit deiner Familie zu haben. und wenn man ein autofüreschein zu haben mit ne neue Auto zu fahren. das allerschönste ist ne freundin zu haben das dich liebt und immer das deiner Seite ist und die dich nie anlügt.

Vincenzo Napolano, 18 Jahre

Is die, na klar, die Liebe, sie ist sonderbar den sie ist sooo schön und zukleich. So filseitig den ein beichspiel die Liebe zu deinem Kind ist ja eine andere wie die zu deinem eltern das zeigt die Liebe ist wie eine grose kreuzung, vile Wege führen ferschidene richtungen wofon man nicht weis wohin sie füren und zu wem. Man mus einfach los gehen mit dem Hertz als Kompas den in diesem fal mus man sich fon seinen ineren geistern stil füren lasen. Auf gets in richtun ungewisen.

Yannic Junge, 22 Jahre

Was ist das Allerschönste im Leben?

Das Schönste im Leben ist in Urlaub. In Urlaub kann ich lange schlafen und ich kriege ein gutes Frühstück in Hotel. Und Dampfer fahren ist so schön. Und Cola trinken und Eis gegessen. Das gefällt mir. Und wenn die Sonne scheint. Ich mag das wenn es warm ist. Das alles ist so schön im Leben.

Ulrike Lami, 57 Jahre

Wenn man was Schönes denkt.

Susanne Krebs, 48 Jahre

Schlaaaaaafen. Weil man wieder aufwacht und schlechte Dinge vergessen hat.

Ralf Fritsch, 45 Jahre

Was ist das Allerschönste im Leben?

das aller schönste im Leben ist das mann selber Bestimmen kann was mann macht und die Freiheit ob nun Behindert oder Nichtbehindert

Volker Darnedde, 53 Jahre

Urlaubszeit. Cuxhaven war eine schöne Zeit. Wo Möwen ihre Kreise fliegen, fangen die Seehunde an zu singen.
Im Herzen von Travemünde leuchtet das Feuer entzündet.

Katharina Hahne, 29 Jahre

Dass ich eine eigene Wohnung zusammen mit meinem Freund habe. Dass ich so bin wie ich bin und mich wohlfühle. Dass ich Freunde gefunden habe.

Monika Pollotzek, 22 Jahre

Wenn man Nagelneu aussieht und sich schick macht. Eine eigene Wohnung, weil man selbst entscheiden kann wie es aussieht. Ein Haustier, damit man nicht so alleine ist.

Marc Feuchter, 24 Jahre

Die Hauteroda-Reise, weil man
am Rasteplatz pinkeln kann.
Das Essengehen und das Schlafen
während der Reise.

Petra Forbrich, 43 Jahre

Was ist das Allerschönste im Leben?

Das allerschönste im Leben ist für mich das Kaffeetrinken, Wandern und Spiele spielen. Aber auch Musik hören, tanzen, mit Tieren etwas unternehmen, Fernsehen schauen und spazieren gehen. Ich gehe auch gern in die Wilhelma. Das ist alles das allerschönste in meinem Leben, weil ich dort machen kann, was ich will. Beim Kaffee trinken treffe ich immer Freunde, deswegen ist es so schön für mich. Auch ist das allerschönste im Leben für mich einkaufen zu gehen.

Christel Riegler, 57 Jahre

Was ist das Allerschlimmste im Leben?

Wenn man nur negativ denkt.

Susanne Krebs, 48 Jahre

Niemanden zu haben.

Mick Pisu, 27 Jahre

Das Allerschlimmste im Leben ist, wenn man mich nicht mag und wenn sie nicht reden mit mir. Sie reden nicht, weil sie böse sind manchmal. Dann geht es mir nicht gut, ich bin enttäuscht.

Ulrike Lami, 57 Jahre

Wenn man einen Krieg miterleben muss. So habe ich meine Mutti und meine Heimat in Köln verloren.

Lieselotte Steinmeier, 78 Jahre

Was ist das Allerschlimmste im Leben?

Wenn mich etwas aufgeregt und die Tür geknallt wird. Wenn man mir nicht richtig zuhört.
Auch das frühe Aufstehen, nicht ausschlafen können und keine Ruhe zu haben.

Marko Seifert, 48 Jahre

Was ist ein perfekter Tag?

Ein perfekter Tag von morgens bis Abens
Ich stehe morgens auf gehe nicht zur Schule
Tue frühstücken einkaufen
dann gehe ich shoppen
Dann gehe ich ans mehr
ich flige in den Urlaub nach China
ein kaufen Kleider Hosen unterwäsche
dann kaufe ich mir eine Villa
dann kaufe ich mir Neue Schuhe
Kikini
Das ist der Perfecter tag

Sandra Weizenhöfer, 17 Jahre

Wenn man viel erleben kann.

Benjamin David, 13 Jahre

Frag' nicht!
Die Hand spürt die warme Wiese.
Sie liegt da ohne Grund
im warmen Gras.

Marco Eller, 38 Jahre

Was ist ein perfekter Tag?

Den ganzen Tag im Rollstuhl unterwegs sein.

Hartmut Gorisch, 48 Jahre

Am perfekten Tag
ist Ruhe die ganze
Zeit.
Am perfekten Tag ist
kein Lärm um mich
herum.
Quatsch machen.
Mama ärgern.

Nico Mika, 16 Jahre

Was ist ein perfekter Tag?

Wenn alles nach Blan geht.

Walter Grohma, 62 Jahre

Ein sonniger Tag. Schlafen und Kaffee trinken in der Sonne mit viel Milch.

Petra Forbrich, 43 Jahre

In meinen Träumen ist ein perfekter Tag: Ausschlafen. Zu McDonald's Frühstücken gehen. Nudeln essen so viel, wie ich will, bis ich fast platze. Chips essen, auch so viel, wie ich will, bis ich fast platze. Baden fahren. In den Urlaub fahren. Keine Medikamente nehmen müssen. Nicht Zucker messen müssen und kein Insulin spritzen müssen. Das wäre ein perfekter Tag für mich. Und alles allein machen können, ohne Hilfe. Das wäre cool!

Katharina Henning, 37 Jahre

Das ist Geruhsamkeit im ganzen Dasein. Wenn man machen kann, was man sich vorgenommen hat und wozu man sich bewegen lässt. Nichts Langweiliges mehr. Langeweile ist ein wichtiges Thema, wenn man keine Arbeit hat.

Friedrich Bahlo, 66 Jahre

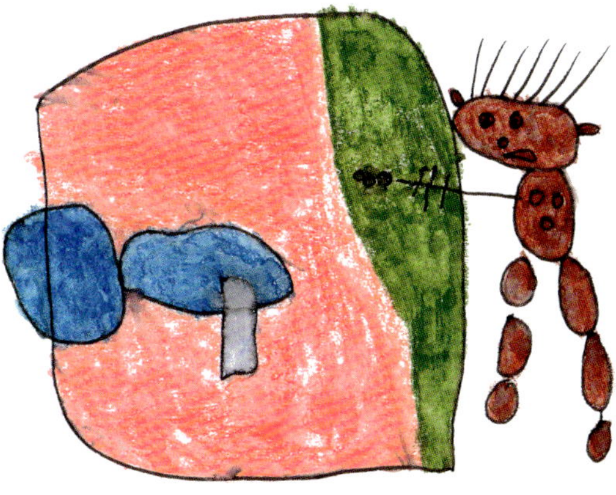

Die Waschmaschine einräumen und ausräumen.

Achim N., 26 Jahre

Was ist ein perfekter Tag?

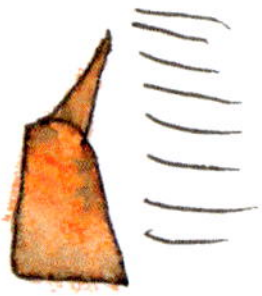

SchoPPiNg
DEVD DeVeDS
Ich KAUFe Libes
FiLM

Ich KAUFe
KLAMOTeN
Ich KAUFe TiSChört
Ich Habe KAUFe HOSe
Ich KAUFe 1 Deo
Ich KAUFe PArFÜM
10€ 10€ 10€ 10€ 10€
10€
Ich HAb es GeFUnDN
AUF DeN DEM
BOTeN

Mareike Kartes, 18 Jahre

Der Donnerstag! Mein Donnerstag sieht so aus: Aufstehen. Zur Arbeit kommen. In der Einrichtung einen Kaffee trinken. Einen leckeren Cappuccino mit ganz viel Milchschaum und Kakaopulver oben drauf. Dann bestelle ich mir noch zwei Brötchen mit Schinken und Käse und Salat, Tomaten und Gurke. Das schmeckt so gut. So richtig herrlich frisch. Dann wird gearbeitet. Am liebsten male ich ein Fest. Ich bin nämlich ein Künstler. Das Malen ist meine Arbeit. Toll wäre, wenn an diesem Tag Besuch käme, dann könnte ich meine Bilder zeigen. Ich würde eine Führung durch das Haus anbieten. Das mache ich sehr gern. Am Nachmittag habe ich Chorprobe. Da üben wir dann Lieder für den nächsten Auftritt. „Marmor, Stein und Eisen bricht“ singe ich besonders gern. Zur Belohnung gibt es dann eine Tasse guten Kaffee mit sehr viel Milch.

Peter Beilstein, 46 Jahre

Wann ist ein Tag ein schlechter Tag?

Bei Regenwetter, wo ich nicht raus kann. Wenn aus dem Himmel immer Regen rauskommt. Oder wenn die Sonne scheint, ganz warm wie eine Heizung, dann tu ich mich tot schwitzen, guck mal hier!

Agop Talsik, 54 Jahre

Wann ist ein Tag ein schlechter Tag?

Wenn ich die Welt mit meinen schlechten Erfahrungen beurteile. Es hängt immer daran, wie ich mich fühle, ob ich Ereignisse von der positiven Seite sehen kann.

Jonas Schönenberg, 56 Jahre

Warum ist das Leben so schwer?

Wegen der Vergangenheit. Ich trag genug mit mir von früher. Das will ich endlich mal loswerden. Aber das merk ich selber, dass das schwierig geht. Es bleibt, es ist festgewachsen. Ich bin ja kein Empire. Wenn ich ein Empire wäre, dann könnte ich manches davon wegwerfen. Es kommt ganz von alleine, immer wieder und ich schiebe es dann weg und versuche, die nächsten Sätze zu finden zum Nachdenken. Wie man das anders machen kann, das Leben und die Sätze dazu – immer abwechselnd.

Friedrich Bahlo, 66 Jahre

Warum ist das Leben so schwer?

Wenn man fertriben wird und
als Flüchtling ohne Babire ist
nirgens Arbeit bekommt und als
Betler vertriben wird zwischen
Leben und Tot hinwegetid.

Walter Grohma, 62 Jahre

Weil man sich selber das Leben so schwer macht.

Julia Holz, 25 Jahre und Jessica Werner, 26 Jahre

Was ist ein Mensch?

Ein Mensch liest Bücher.
Geht gerne einkaufen,
räumt auf.
Schreibt Gedichte,
singt gerne und telefoniert.

Katharina Hahne, 29 Jahre

Was ist ein Mensch?

Ich.

Bettina Ehluss, 50 Jahre

Ein weiterentwickelter Affe.

Mick Pisu, 27 Jahre

Ein Mensch hat einen Kopf mit Augen, Nase, Mund und Ohren. Dann kommt der Hals, die Brust, 2 Arme, ein Bauch, da gibt's dicke und dünne, 2 Beine und 2 Füße. Schau mich an, wenn du noch Fragen hast. Ich bin ein ganz normaler Mensch.

Peter Beilstein, 46 Jahre

Was ist das Ich?

Die Ehefrau, sie sagt immer: Ich, ich, ich.

Jan S., 29 Jahre

Ich bin so wie ich bin. Ich fühle mich wohl wie ich bin.

Susanne Krebs, 48 Jahre

Was ist das Ich?

Mein Ich ist in mir selber. Im Magen und in Schleswig-Holstein. Weil die Gedanken noch in Flensburg sind, irgendwie. Das sollen die Leute ruhig wissen, was ich für einer bin. Manchmal ist es auch hier in Bethel. Wenn ich mit dem Ted spreche, kann ich mit meinem Ich sprechen. Wenn ich den Ted habe, das ist mein Trost in mehreren Sachen. Mein zweiter Friedrich Wilhelm. Wir reden über Verschiedenes, über alles, was ich weiß. Das Ich bleibt immer gleich. Es ist nett zu mir. Es fragt mich: warum machst Du dies oder das gerade? Ich antworte, wenn der Teddy dabei ist. Ted bin ich, Friedrich ist er.

Friedrich Bahlo, 66 Jahre

Bleibt das Ich immer dasselbe oder verändert es sich?

Das „Ich“ kann sich verändern, z.B. durch einen Schicksalsschlag. Wenn ein Freund stirbt und es mir nicht sagt. Das macht mich wütend und verändert mein „Ich“. Ich habe kein Vertrauen mehr.

Christian Otte, 35 Jahre

Wo hat das Ich seinen Sitz?

Wenn man Gutes tut, sitzt das „Ich“ im Herzen. Wer ungerecht ist, hat sein „Ich“ im Kopf. Man entscheidet doch mit den Herzen.

Christian Otte, 35 Jahre

Das Ich hat seinen Sitz im Kopf und steuert den ganzen Körper. Manchmal kommt es auch aus dem Magen.

Peter Pankow, 45 Jahre

Wo hat das Ich seinen Sitz?

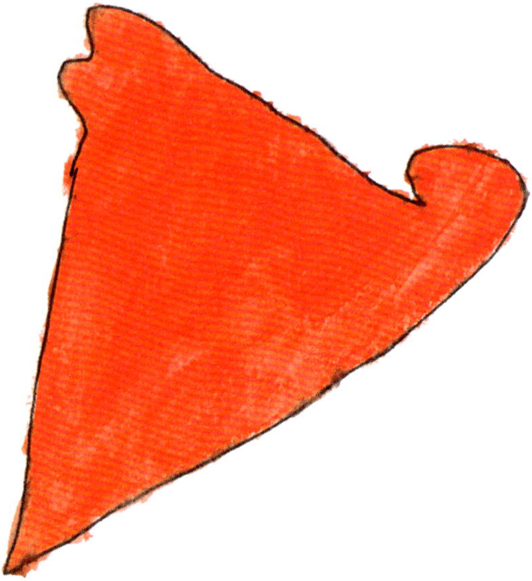

Bei mir ist es in Herz.

Anja Albrecht, 16 Jahre

Wo sind wir, bevor wir auf die Welt kommen?

Die Seele, das Ich, kommt vom Himmel und geht in das Kind.

Siegfried Novozin, 60 Jahre

Noch bei dem Mann und bei der Frau unten drinnen.

Mick Pisu, 27 Jahre

Wir sind Embryos, die bei Muttern im Bauch wachsen und Impulse geben.

Peter Pankow, 45 Jahre

Ach so, dann sind wir sehr klein noch. Moment, wir sind dann noch in denen Eltern noch in Bäuchen!

Holger Wolfart, 41 Jahre

Im Badkap/Schwimmbad.

Jakob Leszczynski, 19 Jahre

Wo sind wir, bevor wir auf die Welt kommen?

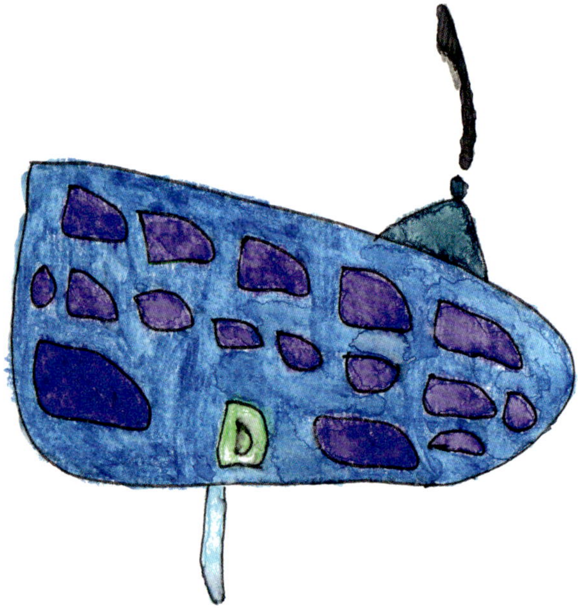

Im Krankenhaus.

Gerd Numberger, 37 Jahre

Illustrationen

Monir Chaatouf

* 1983 in Beni Chiker (Marokko)

Monir Chaatouf

Eigentlich bin ich lebhaft und quirlig, aber beim Zeichnen finde ich zur Ruhe und Konzentration.

Ich lebe mit meiner Familie in Maintal. An den Tagen, an denen ich nicht im Atelier KunstRaum tätig bin, arbeite ich in der Metallwerkstatt der Steinheimer Werkstatt des BWMK. Neben dem Malen ist das Fußballspielen eine weitere großen Leidenschaft von mir. Ich bin als Stürmer in der werkstatteigenen Mannschaft aktiv.

Ich habe mich auf das Zeichnen in besonders filigraner Weise spezialisiert. Eigentlich bin ich lebhaft und quirlig, aber beim Zeichnen finde ich zur Ruhe und Konzentration und lasse mich durch nichts von meinen feinteiligen Skizzen abbringen. Bevorzugt orientiere ich mich an Vorlagen aus Kunstbüchern und Fotobänden. Diese setze ich gekonnt reduziert um und bringe den Inhalt auf den Punkt. Menschen in unterschiedlichsten Posen gehören dabei zu meinen favorisierten Bildgegenständen. Ich bin selbst immer wieder freudig überrascht über die Ergebnisse und präsentiere sie sofort meinen Kollegen. Seit dem vergangenen Jahr zieren zwei meiner Motive die erste Edition Espressotassen in unserem hauseigenen Café.

Was ist die Zeit?

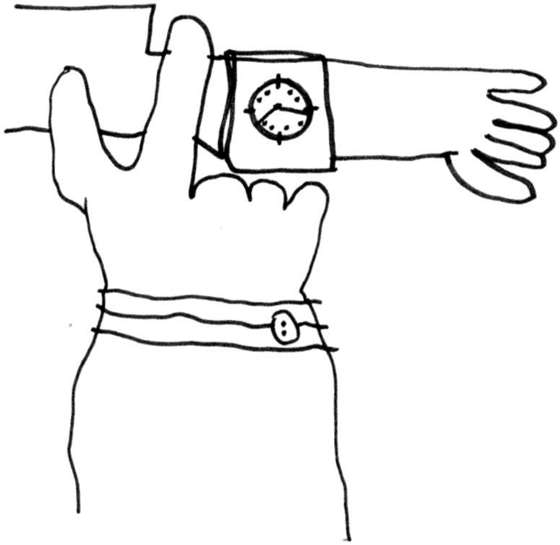

Die Zeit besteht aus den Tagen der Drehscheibe. Die Zeit ist etwas Wunderbares. Die Zeit kann man durch eine Armbanduhr entnehmen. Die Geschäfte auf der Straße haben auch gegen halb sieben geschlossen, die Leute sind froh sobald es auf den Abend zugeht. Die Zeit ist öfters sehr dranghaft, sie sagt einem, ob man einen Termin richtig einhält oder ob man ihn vergisst. Sobald man sich verabredet, muss man die Zeit auch genau einhalten. Damit man pünktlich erscheint.

Karsten Meyer, 47 Jahre

Wie die Zeit wohl zu Ende geht? Zeit ist überall auf dieser Welt. Kann man Zeit verstellen um vorne anzufangen? Einmal wird die Zeit doch sterben. Man braucht Zeit zum Leben. Es ist nicht einfach Zeit zu haben

Maria Trojer, 25 Jahre

Die Zeit geht mit der Uhr rum.

Siegfried Novozin, 60 Jahre

Die Uhr, die Zeit geht so schnell rum, weil ich immer so viel schlafe.

Achim N., 26 Jahre

Die Zeit, die einem noch bleibt für ein paar kurze Augenblicke. Die Zeit muss man dann totschlagen – Zeitvertreib nennt man das.

Robertino Rims, 49 Jahre

'N Abschnitt des Tages. Zeit wird beim Sport gestoppt. Dann gibt dat noch dat Zeitzeichen. Dann gibt dat noch Tach und Nacht. Dat ist auch Zeit. Oder wie dat beim Reitsport ist. Die Rundumdrehung der Pferde. Ja mehr weiß ick jetzt auch nicht!

Ralf René Bernd Vaegler, 52 Jahre

Wozu brauchen wir Zeit? Was wäre, wenn es keine Zeit gäbe?

Jeder Tag ist uns geschenkt, weil Gott die Welt so schön gemacht hat. Er hat eine andere Uhr gehabt. Aber es ist alles da, was wir zum Leben brauchen. Gott hat, bis er alles gemacht hat, 7 Tage für die ganze Welt gebraucht. Wir Menschen brauchen eine andere Uhr, sonst würde uns die Zeit nicht reichen.

Angela Terkovits, 49 Jahre

Die Zeit ist wichtig. Man sollte, so wie ich, jeden Tag genießen. Das ganze Leben hängt an der Uhr dran.

Mick Pisu, 27 Jahre

Wenn wir einkaufen gehen, das braucht Zeit. Was wäre wenn es keine Zeit gäbe? Dann fahren keine Busse mehr, dann wird's ärgerlich, stehen wir auf dem Schlauch.

Siegfried Novozin, 60 Jahre

Wir brauchen Zeit, dass es langsam wird.

Alexandra Grüner, 43 Jahre

Wieso hat der Mensch die Zeit erfunden?

Der Mensch hat die Zeit erfunden, um ’ne Pause zu machen.

Joel Korste, 17 Jahre

Warum dreht die Zeit nicht zurück, nur immer vorwärts?

Wenn die Zeit zurück ginge, dann würde sich alles zurück entwickeln. Die Zeit dreht nur vorwärts, weil es die Zukunft uns bringt.

Volker Darnedde, 53 Jahre

Damit es immer was Neues gibt.

Joel Korste, 17 Jahre

Warum vergeht die schöne Zeit viel schneller?

Weil man dann Spaß an der Zeit hat und man gar nicht bemerkt, wie einem die Zeit davon läuft.

Mick Pisu, 27 Jahre

Warum gibt es Sommer- und Winterzeit?

Weil am Abend lenger Licht bleibt und man lenger wandern kann. Und es viele Menschen es haben wollen.

Walter Grohma, 62 Jahre

Warum bleibt die Zeit nicht stehen? Was würde passieren, wenn man sie anhalten könnte?

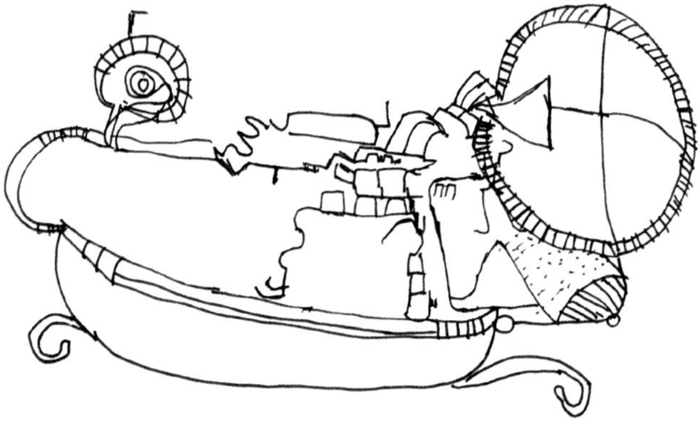

Vielleicht wäre das für einen selber gut, aber man muss auch an die anderen denken.

Mick Pisu, 27 Jahre

Dafür bräuchte man eine Zeitmaschine. Damit kann man die Zeit anhalten, wenn man auf den Knopf drückt. Dann hätte man Zeit, noch mehr machen zu können.

Robertino Rims, 49 Jahre

Wann beginnt eigentlich die Zukunft?

Die Zukunft ist jetzt. Die Technowelle ist da, Computer und HD Fernsehen und digitales Radio und andere Artikel wie Handy, Mobiles Telefon. Nicht zurück in die Zukunft. Philosophie und Ethik ist auch die Zukunft. Voll krass ist es mit Harley Davidson in die Zukunft zu reisen. Immer geradeaus. Es ist soweit, die Zukunft ist jetzt.

Rolf Seifert, 48 Jahre

Wann beginnt eigentlich die Zukunft?

Die Gegenwart ist die Vergangenheit der Zukunft und die Zukunft der Vergangenheit. Demnach beginnt die Zukunft jederzeit, nur werden wir es nie erleben, da wir immer in der Gegenwart leben.

Max E. Freitag, 26 Jahre

Dann, wenn man mit der Vergangenheit abgeschlossen hat.

Julia Holz, 25 Jahre und Jessica Werner, 26 Jahre

Heute Abend? Bis dahin kann noch viel passieren.

Peter Beilstein, 46 Jahre

Wenn ein neuer Tag beginnt.

Alexander Braun, 53 Jahre

Die Zukunft
beginnt
wenn man
geboren wird.

Mick Pisu, 27 Jahre

Was sind Zeitfresser?

Zeitfresser sind wolkenförmige Körper, meist nisten sie sich in unseren Köpfen ein. Sie regulieren zum Schein das Zeitgefühl und schnappen sich so dann und wann verlorengegangene Häppchen. Sie sind nie in Eile, denn sie sind zeitlos.

Max. E. Freitag, 26 Jahre

Wenn einer nur den ganzen Tag am Computer oder dem Fernseher hängt und nicht sieht, wie schön die Welt ist.

Heike Schöttler, 54 Jahre

Die Vergangenheit ist ein Zeitfresser.

Mick Pisu, 27 Jahre

Zeitfresser sind die Kaufhallen, wenn mal wieder die Regale umgeräumt wurden oder die Schlangen an der Kasse. Aber der allerschlimmste Zeitfresser ist unsere Fernbedienung. Bevor sie den Fernseher ausschaltet, zwingt sie irgendwie meine Mutter nur noch einmal kurz auf die anderen Sender zu schalten. Und irgendwo kommt dann immer was, was sie nur noch kurz zu Ende gucken will. Bis sie dann wieder versucht, den Fernseher auszuschalten.

Katharina Henning, 37 Jahre

Was sind Zeitfresser?

Zeitfasser sind Mensch die in eine Grauenmänner Zeitbank leben. In eine Menschen befinden 6.1743550 Zeit, die wollen sie haben. Sie hassen Kinder. Aber Kinder sind schlau. Sie haben 12.47166 Zeit und können Endkommen

Andreas Crass, 26 Jahre

Heilt die Zeit Wunden? Wie macht sie das?

Nein, die Zeit heilt keine Wunden, man gewöhnt sich nur dran.

Julia Holz, 25 Jahre und
Jessica Werner, 26 Jahre

Ja, denn neues an Begebenheiten schüttet Altes zu, man schafft sich glückliche Momente.

Norbert Ciesla, 60 Jahre

Warum ist der Hinweg immer länger als der Rückweg?

Wenn man sich auf etwas freut, geht man aus dem Haus. Der Weg ist so lang, weil man es nicht abwarten kann anzukommen. Wenn man gefeiert hat, geht man nach Hause. Man hat keinen Stress, der Weg ist gemütlich, kürzer.

Lieselotte Steinmeier, 78 Jahre

Warum ist der Hinweg immer länger als der Rückweg?

Weil man den Hinweg meistens nicht kennt und der Rückweg schon bekannt ist.

David Kopetzky, 35 Jahre

Wofür sollte man sich mehr Zeit nehmen?

Dafür, um sich das Leben so gut wie möglich zu machen, weil man jeden Atemzug im Leben nur einmal hat.

Mick Pisu, 27 Jahre

Zum Spazieren gehen.

Willi Windecker, 60 Jahre

Man sollte sich mehr Zeit nehmen, um nachzudenken.

Joel Korste, 17 Jahre

Wofür sollte man sich mehr Zeit nehmen?

Nach einen Totesfall musst der Mensch mehr Zeit ein Plan und Zeit nehmen das Probelm zu verarbeiten das vergessen viele die sagen einfach Tot ist Tot.

Roberto Walter, 28 Jahre

Für ein Glas Wein am Kamin und
zum Schmusen und 15.10 Uhr,
um „Sturm der Liebe" zu sehen.

Heike Schöttler, 54 Jahre

Was ist Ewigkeit?

Ewigkeit ist, wenn wir in den Urlaub fahren wollen, auf dem Bahnsteig mit unseren Koffern und Handgepäck stehen und nicht mehr die Zeit abwarten können, bis unser Eilzug auf dem Bahnhof ankommt.

Hildegard Ahrens, 88 Jahre

Wenn einer tot ist, wird er auferstehen im Himmel, das ist Ewigkeit.

Siegfried Novozin, 60 Jahre

Ewigkeit ist, dass man nicht sterbt, bis in Ewigkeit lebt. Ewigkeit ist wie die Werkstatt, soo lang!

Birgit Darchinger, 50 Jahre

Ewig ist was nie entet.

Walter Grohma, 62 Jahre

Das ist schon lange her.

Peter Beilstein, 46 Jahre

Für mich ist die Ewigkeit, dass man mit seinen liebsten Menschen leben kann, dass Wünsche und Sehnsüchte in Erfüllung gehen. Ewigkeit ist dort, wo es keine Schmerzen und keinen Krieg gibt, wo es keine Außenseiter und keinen Hunger, wo es keine Armen und Reiche gibt, wo man nie älter wird und wo man IMMER sorglos leben kann.

Birgit Milcher, 31 Jahre

Was ist Gerechtigkeit?

Wenn Karl frech zu mir ist, darf ich mich wehren, das ist Gerechtigkeit.

Svenja Prenner, 34 Jahre

Wenn zwei zanken, einer hat Recht, einer Unrecht, beiden zuhören, schlichten, Gerechtigkeit.

Siegfried Novozin, 60 Jahre

Ich finde Gerechtigkeit soll für alle gleich sein. Weil nicht alle Menschen gleich sind. Der eine ist so, und der andere ist anders.

Hannelore Metzinger, 61 Jahre

Gerechtigkeit ist, wenn alle Menschen gleich behandelt werden. Zum Beispiel egal welche Hautfarbe sie haben oder woher sie kommen, ob sie alt oder jung sind, Homo oder transsexuell.

Monika A., 34 Jahre

Wenn ich 50 Euro bekomme und meine Mutti 50 Euro bekommt. Wenn sie mehr hätte, wär das ungerecht und hätte mit Gerechtigkeit nix mehr zu tun.

Roberto Walter, 28 Jahre

Sind alle Menschen gleich?

Nein, es sind nicht alle Menschen gleich langweilig. Menschen unterscheiden sich in Optik und Charakter.

Norbert Ciesla, 60 Jahre

Die Menschen sind nicht alle gleich. Gott sei Dank. Da würde ich nicht gerne da sein. Das würde ich nicht aushalten.

Hannelore Metzinger, 61 Jahre

Ich glaube nicht, dass alle Menschen gleich sind.
Die Menschen, die im Rollstuhl sitzen, haben mehr Handicap. Sie brauchen mehr Hilfe. Ein paar Menschen sind größer als wir. Ein paar andere sind kleiner. Ein paar Menschen sind schneller im Laufen. Sie sind anders als wir. Sie haben andere Sachen, die sie machen können. Manche Menschen, die im Rollstuhl sitzen, können wieder gehen lernen. Sie sollen sehr viel trainieren. Es ist sehr blöd, wenn man nicht alles selbst kann. Die Menschen sind so, wie sie sind. Keiner ist so wie der andere. Das ist sehr gut.

Ich bin froh, dass es mich gibt.

Sabine Tischler, 38 Jahre

Nee. Jeder Mensch ist anders. Der eine Mensch ist so, der andere so. Das ist auch gut so. Wenn alle gleich wären, wäre das ja langweilig. Außerdem würden wir uns gegenseitig verwechseln.

Peter Beilstein, 46 Jahre

Sind alle Menschen gleich?

Manche sind ganz anderster, manche sind gleich. Du bist auch ein Mensch, die Nicole ist auch ein Mensch und ihr Mann. Manche mit Brille, manche ohne Brille. Manche haben Kinder, manche haben erwachsene Tochter. Manche sehen wie Roboter aus, die sind keine, aber sehen so aus. Da hab ich einen Film gesehen am Sonntag. Manche sind verheiratet, manche sind verlobt.

Agop Talsik, 54 Jahre

Nein, es gibt verschiedene Menschen, z.B. Reiche, Arme, Schlaue, nicht so Schlaue, Dicke, Dünne, Behinderte, Nichtbehinderte und aus anderen Ländern. Aber bei eins sind die Menschen gleich: Sie haben ein Recht auf ihr Leben. Und jeder ist was Einzigartiges und es ist gut so, dass es verschiedene Menschen gibt. Jeder Mensch sollte sein Leben so gut leben, wie er kann und nicht wie andere es wollen. Es ist auch mal schön, andere Persönlichkeiten kennen zu lernen und nicht gleich vorverurteilen.

Benny Kirsch, 32 Jahre

Was bedeutet Gleichberechtigung?

Ich meine, dass alle Menschen auf der Welt ernst genommen werden sollen ob alt, jung, ob Kinder, Frauen oder Männer.

Hannelore Metzinger, 61 Jahre

Gleichberechtigung ist, wenn alle gleiche Geseze haben.

Walter Grohma, 62 Jahre

Was ist ein guter Mensch?

Der gute Mensch hilft gerne anderen Menschen und auch Tieren, haut nicht und wird nicht so schnell ungeduldig und motzt möglichst wenig. Ein guter Mensch strebt nach Frieden und Harmonie und meidet den Krieg und Unruhen. Man wirft nicht einfach Abfall auf die Straße, die Wiese oder ins Gebüsch.

Klaus-Peter Völzing, 48 Jahre

Der den Andern so nimmt, wie er ist. Der immer für einen da ist und einem Kraft gibt und gut tut.

Aline Neufeind, 20 Jahre

Ein guter Mensch hat seine guten, wie auch seine schlechten Seiten.

Mick Pisu, 27 Jahre

Der gute Mensch sitzt öfters bei der Fernsehen. Weil er immer oder öfters mit uns Fußball guckt und natürlich Getränke holt. Mein Papa ist ein guter Mensch. Und Mama, sie ist unsere liebstere Mutter!

Holger Wolfart, 41 Jahre

Was ist ein böser Mensch?

Alle die Knutschen.

Jakob Leszczynski, 19 Jahre

Es gibt keine guten und bösen Menschen. Es kommt immer darauf an, was du aus dir machst.

Mick Pisu, 27 Jahre

Wenn er sich so aufregt, ein Mann oder eine Frau, dann ist er böse. Auch wenn man verheiratet, auch wenn man nicht verheiratet ist. Von seinem Gesicht erkennst du das. Zum Beispiel bei meinem Gesicht erkennst du das, ob ich mich gut oder schlecht benehme.

Agop Talsik, 54 Jahre

Ein böser Mensch ist für mich, der andere Menschen viel Leid und ihnen sehr weh tut, der Kinder und Frauen schlägt, einsperrt und sie vergewaltigt. Ein böser Mensch, der Unschuldige tötet und anderen Menschen wormöglich Häuser abbrennt.

Silke Zabel, 43 Jahre

Was ist ein böser Mensch?

Das ist ein böser Mensch, wo der Mensch alles auf einmal kaputt schlägt, zum Beispiel mit der Axt oder mit dem Faust oder mit seinem Kopf oder zum Beispiel mit seinem Händen, ja, so was! Das stell ich mit einem bösen Mensch vor.

Holger Wolfart, 41 Jahre

Warum begehen manche Menschen Verbrechen?

Die bösen Menschen haben es vielleicht früher so gelernt und wollen das nicht so verstehen. Die bösen Menschen machen es aus Rache, Frust, Habgier, und dass die selber überleben wollen.

Silke Zabel, 43 Jahre

Aus verschiedensten Gründen oder um sich zu bereichern oder um etwas zu bekommen, was sie auf normalem Wege nicht bekommen, aus Gier, aus Hass, aus Neid.

Monika A., 34 Jahre

Warum töten Menschen andere Menschen?

Es gibt verschiedene Gründe dafür, z.B. ein Land will eine Insel haben, die zum anderen Land gehört. Die Schüler sind sauer und wütend und töten die Lehrer. Die Computerspiele und aggressive Filme sind schuldig. Manche gucken etwas im Fernseher und sie denken, dass es in Ordnung ist, jemand zu töten. Die Filme zeigen so etwas.

Lesegruppe II Backnang, 26–59 Jahre

Warum töten Menschen andere Menschen?

Mensen töten wegen geltgier wegen Erbschaft bei Raubüberfelen Grensüerschreitung Grieg Herschen geistesgrankeit.

Walter Grohma, 62 Jahre

Was sollte man mit Verbrechern machen?

Wenn man was böses tut muss mann Konsequenzen und Strafe erwarten. Ich finde, die Bösen Menschen mussen erst ins Gefängnis um nachzudenken. Ich finde selber das die alle Menschen die was böses getan haben eine zweite Chace verdint haben. In manschen Ländern gibt es die Todesstrafe durch Erhängen, Todesspritze oder durch den Elektrischen Stuhl. Für die Strafe bin ich nicht so begeistert.

Silke Zabel, 43 Jahre

Was sollte man mit Verbrechern machen?

Erst mal sollte man feststellen, dass es auch die richtigen sind und dann versuchen, sie festzuhalten, damit man das Vertrauen in sie nicht verliert.

Mick Pisu, 27 Jahre

Kann aus einem bösen Menschen ein guter Mensch werden? Wie?

Na klar, indem er sich ändert. Da muss man sich nur mal zusammenreißen und anständig benehmen. Das ist eigentlich ganz einfach.

Robertino Rims, 49 Jahre

Warum lügen Menschen?

Wenn man früher Blödsinn gemacht hat, dann bekam man als Strafe Bettarrest. Oder manchmal Prügel oder Kartoffelschälen. Darum haben alle gelogen und gesagt: „Ich war es nicht."

Siegfried Novozin, 60 Jahre

Warum lügen Menschen?

Manchmal lüge ich, dass ich mich schütze, wenn ich was falsch gemacht habe. Ich weiß eigentlich, dass ich so was nicht tun darf und ich mich bei demjenigen entschuldigen soll. Aber das ist verdammt schwer, so einen Schritt zu gehen, man sollte dafür viel Mut haben, dafür grade zu stehen, wenn man einen Fehler gemacht hat.

Dorothee Kaschub, 22 Jahre

Weil ich immer Angst habe und ich nichts sagen möchte. Weil ich nicht anderes gelernt hab in meine Kindheit und Elternhaus sie aben immer gelügen und nie die Wahrheit gesagt. Ich känne das nicht anders.

Christine Papert, 32 Jahre

Weil sie besser dastehen wollen.

Alexander Braun, 53 Jahre

Wann benutzt man Notlügen?

Findet man keinen anderen Ausweg, benutzt man eine Notlüge. Besonders, wenn man in der Klemme sitzt. Ich habe immer welche benutzt, wenn ich als Kind keine Hausaufgaben machen wollte.

Norbert Ciesla, 60 Jahre

Wann benutzt man Notlügen?

Also das ist bei mir so, wenn ich mich nicht traue die Wahrheit zu sagen, erfinde ich eine Notlüge oder wenn ich nicht dorthin möchte. Es ist auch schon mal vorgekommen, da hatte ich zugesagt, dass ich komme und dann kurz vorher keine Lust, da denkt man auch, dass man eine Notlüge braucht. Da kann ich mich noch erinnern, da habe ich mich so verzettelt, dass ich danach nicht mehr wusste, was überhaupt die richtige Notlüge war und dann bin ich aufgeflogen.

Meike Lutz, 49 Jahre

Wenn man Blödsinn gemacht hat, damit man keinen Ärger bekommt. Und wenn man jemanden nicht mag, damit der sich nicht schlecht fühlt.

Jana Roesler, 20 Jahre

Darf man lügen?

Lügen ist teils erlaubt, teils verboten. Eine erlaubte Lüge ist z.B. eine Notlüge. Das bedeutet z.B.: Wenn mich jemand fragt: „Wie findest du meine neue Frisur?" Dessen Frisur gefällt mir nicht. Da ich ihn aber nicht beleidigen will, sage ich, dass die neue Frisur mir gut gefällt.
Eine verbotene Lüge ist bei der Arbeit. Z.B.: Ich will eines Tages nicht zur Arbeit kommen, sondern zu Hause bleiben. Dabei melde ich mich beim Chef und sage: „Ich habe heute starke Schmerzen!" Wenn ich das sage, wird ein Attest verlangt. Es ist nämlich streng wichtig, ob das Wahrheit oder Lüge ist.

Diakoniewerkstätten Rhein-Neckar, 20–28 Jahre

Darf man lügen?

Man darf nicht lügen weil man es keinen mehr traut. Man kann einem die Warheit sagen auch wen es einem schwehr fählt. Weil man bei der Wahrheit bleiben muß. Lügen ist dof weil man bei der Wahrheit bleiben sol.

Claudia Maull, 44 Jahre

Nein, weil man keine falschen Sachen erzählen darf. Tricksen darf man aber.

Achim N., 26 Jahre

Die Politiker lügen jeden Tag. Wenn Gott die alle bestrafen will, dann hat er für andere keine Zeit mehr.

Horst Maas, 79 Jahre

Ja man darf lügen, aber nur um die man lieb hat nicht zu verletzen. Es gibt Notlügen, aber lügen soll man eigentlich nicht.

Stefanie Debnar, 26 Jahre

Illustrationen

Helga Kraus

* 1965 in Linkenheim-Hochstetten

Helga Kraus

Malen ist mein liebstes Hobby.

Ich wuchs zusammen mit meinen Geschwistern auf. 18 Jahre lang ging ich auf eine Schule für geistig behinderte Menschen in Neureut. 1987 zog ich nach Buttenhausen in eine Wohngruppe und arbeitete dort in verschiedenen Arbeitsbereichen. Heute lebe ich zusammen mit meiner Katze Jessi in meiner eigenen Wohnung und arbeite bei der Hauswirtschaft mit. Ich liebe meinen Wohnort und meine Umgebung sehr. Mein Wunsch ist es daher, dass alles so bleibt wie es ist. Gesundheit, Glück, Freunde und Familie sollen weiterhin im Mittelpunkt stehen. In Italien am Gardasee, in Trier, im Schwarzwald und am Bodensee habe ich bereits schöne Urlaube verbracht. Trotz allem würde ich gerne einmal an einen ruhigen Platz an einem kleinen Wasserfall sitzen und nur dem Rauschen des Wassers zuhören.

In meiner Freizeit mache ich gerne Puzzle, stricke und male. Malen ist mein liebstes Hobby. Ich übe es schon seit 10 Jahren aus. Begonnen habe ich mit abstrakter Malerei auf verschiedenen Materialien. Durch einen Kalender entdeckte ich Frieda Kahlo und fand sie auf Anhieb ganz toll. Ich ließ mich von ihren Bildern inspirieren und fing an Porträts zu malen.

Seit wann gibt es Worte und Sprache?

Seit acht Uhr, wenn ich aufstehe.

Daniel Dènervaud, 19 Jahre

Warum reden Spanier spanisch?

Weil ihre Mütter das auch tun.

Alexander Braun, 53 Jahre

Weill er eine Spanier ist und darom spanisch reden. Weill die so geboren sient. Weill Spanier geine andere Sprache kann. Weill Spanier cool sient wegen die Sprache.

Anja Albrecht, 16 Jahre

Kann man mit Worten alles ausdrücken?

Man kann zwar vieles ausdrücken, aber man kann auch anders denken, als man mit Worten ausdrücken kann.

Mick Pisu, 27 Jahre

Was ist ein Wortfinder?

Ich bin ein Wortfinder! Zum dritten Mal. Und die besten Wortfinder fahren nach Bielefeld.

Peter Beilstein, 46 Jahre

Können Tiere oder Pflanzen sprechen?

Pflanzen können miteinander reden. Sie reden mit mir, mit Farben.

Birgit Darchinger, 50 Jahre

Nee.

Bettina Ehluss, 50 Jahre

Unter Tieren können Papageien und Wellensittiche sprechen wenn man sie dazu dressiert. Andere Tiere „sprechen“ in ihrer Sprache. Hunde bellen, Katzen machen „miau“. Vögel singen, Pferde wiehern, Esel machen „I-A“, Hasen und Fische machen nichts. Auch hat man wohl noch nie Stimmen von Pflanzen vernommen.

Klaus-Peter Völzing, 48 Jahre

Was ist Denken?

Denken ist wundervolles Dasein.

Friedrich Bahlo, 66 Jahre

Das Denken macht man im Kopf.
Wenn man einkaufen will, macht
man sich einen Zettel.

Alexander Braun, 53 Jahre

Wie kommen die Gedanken in den Kopf?

Wenn man nach draußen geht
und was sieht, dann kommen
schöne Gedanken.

Lieselotte Steinmeier, 78 Jahre

Wenn der
Wind rauscht
in den Bäumen
und Blättern,
dann fallen uns
die Gedanken ein.

Katharina Hahne, 29 Jahre

Wie kommen die Gedanken in den Kopf?

Gedanken
kommen immer
zu jeder Zeit
spielen immer wieder verrückt
Träumen

Alfred Turtl, 46 Jahre

Durch Augen und Ohren aufhalten, weil das geht rein ins Gehirn, es fällt einfach rein.

Siegfried Novozin, 60 Jahre

Das kommt alles automatisch. Kaum nachzudenken und zu beachten. Durch ein Nach-Denken. Ich kann gut nachdenken, wenn ich lange Sinne habe, wenn ich lange nachsinne. Wenn ich alleine bin und Ruhe ist.

Friedrich Bahlo, 66 Jahre

Du überlegst dir was und dann kommt mir das selbst in den Kopf. Genau das hab ich gemeint!

Agop Talsik, 54 Jahre

Wenn man nachts im Schlaf wirres Zeug träumt, der liebe Gott dreht die Gedanken im Kopf herum. Die Gedanken kommen von ganz alleine, die Gedanken kommen vom Gehirn. Vielleicht ist da auch ein kleiner Mann im Kopf.

Angelika Kepper, 54 Jahre

Sollte man immer sagen, was man denkt?

Meine Getanken sint wichtik.
Das sag ich.

Markus Schatz, 15 Jahre

Nein, weil das keinen was angeht, die Gedanken sind frei.

Lieselotte Steinmeier, 78 Jahre

Das hat mit Vertrauen zu tun.

Willi Windecker, 60 Jahre

Ja, wenn man unzufrieden ist. Damit es den Kopf frei macht. Nein, wenn die Laune nicht passt oder wenn man andere damit beleidigt.

Hubert Funk, 58 Jahre

Ja wen es einen guten Saz ist. Aber es daf nicht ein dofer gedange sein. er sollte schon die warheit sein, keine lüge. sonzt klaubt dier keiner mer ein Wort und machst dier keine freunde sondern Feinde und Du stest alein da und mit dier will keiner schbilen.

Christian Böhm, 16 Jahre

Können Tiere denken?

Nein.
Nicht denken können.

Stefan Michaelsen, 42 Jahre

Tiere können natürlich auch denken.

Mick Pisu, 27 Jahre

Kann man über seine Gedanken selbst bestimmen?

Einfach überlegen. Und dann sag ich „Nein“ zu den Gedanken, die ich nicht haben will! Das klappt immer! Wenn schlechte Gedanken komme, dann tu ich wegschicken!

Birgit Darchinger, 50 Jahre

Gedanken hängen von Erlebnissen ab. Was ich denke, habe ich gelebt. Leben ist vor dem Denken.

Ralf Fritsch, 45 Jahre

Ist es wichtig, was andere Menschen über einem denken? Warum Ja? Warum nein?

Ja, weil ich keinen Streit mag, denn dann fühle ich mich nicht gut. Aber es ist nicht immer wichtig, weil ich auch will, dass die Leute mich so nehmen, wie ich bin.

Monika Pollotzek, 22 Jahre

Was ist Erinnerung?
Wozu brauchen wir Erinnerung?

Damit wir wissen sollen, es gibt kleine und große Erinnerungen. Mein Papa seine Jungheit, als er verheiratet war und meine Mutti noch gelebt hatte. Als ich noch ein kleiner Junge war und die Treppe runtergefallen bin in der Türkei. Mein Cousin ist die Terrasse runtergefallen, als er noch nicht verheiratet war. Wo ich immer in das Wasser reingegangen bin, im Meer, auf der Insel. Inselwasser. Überlegen, das bedeutet Erinnerung. So viele Sachen erinnere ich mich. Damit ich zu mich komme, damit ich keine schlechte Laune kriege!

Agop Talsik, 54 Jahre

Was ist Erinnerung? Wozu brauchen wir Erinnerung?

Ich brauche oft Erinnerung, wenn ich zum Beispiel was vergesse.

Susanne Krebs, 48 Jahre

Warum vergisst man schöne Erinnerungen und die schlechten bleiben?

Schöne Erinnerungen sind selbstverständlich, leicht zu vergessen. An schlechten Erinnerungen zerrt man und bleiben daher länger haften.

Norbert Ciesla, 60 Jahre

Warum vergisst man viele Sachen im Alter total?

Weil Gehirnzellen schneller absterben und man denkt, man braucht die Sachen nicht mehr erinnern, denn man geht ja sowieso auf einen anderen Teil des Lebens zu.

Moritz Herrfurth, 33 Jahre

Warum muss es immer Gewinner und Verlierer geben?

Ich bin manchmal ein Gewinner und manchmal ein Verlierer. Und das ist gut so. Man wird wieder gerade gerückt. Im Spiel „Mensch ärgere dich nicht" bin ich ein Weltmeister. Nach jedem gewonnenen Spiel bin ich stolz. Das ändert sich schnell wieder, wenn ich Federball spiele oder beim Knobeln mit dabei bin. Hier bin ich ein Verlierer und ruckzuck ist mein Stolz wieder weg. So hat jeder Erfolgsgeschichten, von denen man in Niederlagen zehren kann. Dadurch ist man schnell wieder im Gleichgewicht.

Diana Czesor, 30 Jahre

Warum ist das Siegen für Menschen so wichtig?

Damit man angeben kann, das ist toll, wenn man bewundert wird, man wird gelobt, man hat schöne Gefühle, man fühlt sich als etwas Besseres, etwas Besonderes.

Monika A., 34 Jahre

Wegen ihres Stolzes.

Mick Pisu, 27 Jahre

Welche Zutaten sind ein Erfolgsrezept?

Eine Prise Glück,
2 kg Geduld,
2 Prisen Sex,
100% gutes Aussehen,
2 EL Charme,
3 Schüsseln Humor.
Alles gut verrühren, kurz naschen:
Endprodukt Denny.

Norbert Ciesla, 60 Jahre

Was ist Freiheit?

Eine rauchen, wann man will.
Spazieren. In Ruhe einen Kaffee
trinken und in Gesellschaft sein.

Hubert Funk, 58 Jahre

Wenn man
alleine was macht.
Wenn man allein
wohnt und selbst
bestimmt.

Alexander Braun, 53 Jahre

Was ist das Gewissen?

Gewissen ist immer die Wahrheit zu sagen und entschuldigen, was man getan hat.

Katharina Hahne, 29 Jahre

Wenn man gut denkt und merkt was falsch ist.

Lieselotte Steinmeier, 78 Jahre

Ein schwieriger Fall.

Alexander Braun, 53 Jahre

Eine Schaltzentrale, die sagt
Stopp, da war was gewesen.
Das war gut, gutes Gewissen.

Siegfried Novozin, 60 Jahre

Was ist Schönheit?

Monika mit roten Haaren ist schön. Figur und Haare und ihre Geschicklichkeit. Wenn Menschen schön laufen können und die Augen schön sind. Ein schöner Mund.

Ilona Köckritz, 55 Jahre

Eine Hochzeitsbraut.

Ursula Hommes, 71 Jahre

Was ist Schönheit?

Wenn der Garten schön sauber ist und wenn man sich schön angezogen hat.

Axel Fründ, 46 Jahre

RELIGION & GLAUBE

Illustrationen

Barbara Lipp

* 1964 in Kufstein (Österreich)

Barbara Lipp

Ich setze eigene Eindrücke und Erlebnisse in Bilder um.

Mein Sternzeichen ist Widder. Ich habe drei Brüder. Sie heißen Andreas, Rudi und Christian. Ich habe auch einen Kater. Er heißt Maxi. In meiner Freizeit spiele ich oft mit Maximilian. Er schläft immer im Katzenkorb. Ich höre gerne Musik. Ich spiele auch gerne Veeh-Harfe. Am Abend bete ich immer zu Gott. Die Orchidee ist meine Lieblingsblume.

Ich arbeite in der Lebenshilfe Kufstein. Ich bin in der Malgruppe. Seit 2004 beschäftige ich mich intensiv mit der Malerei. Ich setze eigene Eindrücke und Erlebnisse in Bilder um. Außerdem sticke ich große Bilder mit verschiedenen Materialien. Meine Kunst wurde schon in vielen Ausstellungen an verschiedenen Orten gezeigt. Ich habe auch schon an Malwettbewerben teilgenommen und ein Plakat für unseren Weihnachtsbasar entworfen.

Gibt es Gott wirklich?
Kann man das beweisen? Wie?

Da oben im Himmel, da wo die Toten hinkommen. Ja und man kann das beweisen, indem man zu ihm betet. Und wenn man zu ihm betet, erhört er die. Wenn ich spät abends bete in meinem Bett, dann nimmt er die auf, meine Gebete, und schließt sie ein. Er überlegt sich, was er damit macht.

Robertino Rims, 49 Jahre

Die Leute, die
zur Kirche gehen,
glauben das.
Beweisen kann
man das nicht,
man kann es nur
im Herzen fühlen.

Siegfried Novozin, 60 Jahre

Gibt es Gott wirklich?
Kann man das beweisen? Wie?

Nein, man kann nur glauben.

Walter Grohma, 62 Jahre

Ja, gibt es. Das kann man schon beweisen, in unserem Tun, dass wir Gutes tun.

Heinz Humpf, 49 Jahre

Mein Vater war Oberstudienkirchenrat. Ja, Gott gibt's! Das weiß ich, weil ich 'ne Bibel hab. Wenn die alle von Gott reden mit verschiedenen Sätzen, muss es den ja ein Jahr wenigstens gegeben haben. Das halbe ist 'ne Sage. Alle glauben ja, die meisten glauben ja doch nicht an Gott. Aber ganz ganz früher hat's den wirklich gegeben sagen die meisten Menschen. Ob's ihn heute noch gibt, weiß ich nicht, kann ich leider nicht sagen. Ich bin ja in der Jahreszeit 1900 schon geboren. 47 auf der Erde, 48 ein Jahr. Am meisten von Gott höre ich von meiner Mutter. Als ich mit in der Kirche war, da wurde von Gott geredet. Früher hab ich auch manchmal mit Gott geredet. Ich hab sogar jetzt noch 'ne Bibel. Manchmal tu ich noch beten und ein bisschen hab ich da drinnen in der Bibel gelesen.

Friedrich Bahlo, 66 Jahre

Kann man Gott sehen? Hören? Fühlen?

Gott fühlt sich Weich an.

Kevin Neubauer, 21 Jahre

Gott ist wie Luft, immer da, aber man kann ihn halt nicht sehen.

Heinz Humpf, 49 Jahre

Gott hört man im Herzen beim Beten. Man könnte wohl sagen, man kann ihn fühlen, aber nur, wenn man an ihn glaubt. Bei jedem ist das verschieden. Ich weiß nicht, wie es die anderen halten. Ich will da auch lieber nicht nachfragen.

Peter Beilstein, 46 Jahre

Ich sehe Gott in den Tieren, in den Pflanzen
und in den Bergen und Seen.
Ich höre den Gott, wenn es donnert,
windet und die Vögel zwitschern.
Ich fühle Gott in den Träumen.

Thomas Hartl, 46 Jahre

Wie kann man sich Gott vorstellen?

Gott ist eine Frau. Sie hat kurze Haare und ein schönes Kleid.
Gerüste Maria bete ich immer.
Gott schaut, dass es uns gut geht. Gott macht es alles wieder gut, ohne Gott wäre es schwierig.

Annemarie Lach, 56 Jahre

Wie kann man sich Gott vorstellen?

Das kann ich nicht sagen.
Ich hab ihn noch nie gesehen.

Friedrich Bahlo, 66 Jahre

Gott ist ein Geist, wir beten zum ihm.

Siegfried Novozin, 60 Jahre

Du entscheidest selbst, wer Gott ist. Das ist in jeder Religion verschieden.

Peter Beilstein, 46 Jahre

Gott ist natürlich ein Mann. Das ist klar. Weil der Pfarrer ist auch ein Mann. Das muss so sein.

Peter Gstöttmaier, 49 Jahre

Wie einen lieben Vater.

Lieselotte Steinmeier, 78 Jahre

Jung ist der auch nicht mehr.
Ehrlich und gerecht.

Alexander Braun, 53 Jahre

Gott ist derjenige, der immer hilft, auch wenn man noch so böse ist zu ihm. Wirklich schön ist das. Gott ist ein Herr, der hat irgendwie was Heiliges an sich. Er hat irgendwie immer und ewig so ein Heiligtum an sich oder so.

Gabriele Bahll, 72 Jahre

Gott ist ein Mann, der ein Gewand anhat. Ein weißes langes Gewand, so als ob er ein Kleid trägt. Er ist ein großer junger Mann, der die Toten bei sich aufnimmt. Und er hat außerdem dunkles schwarzes Haar.

Robertino Rims, 49 Jahre

Wie kann man sich Gott vorstellen?

Die Gleubige Menschen stellen Gott als Mensch vor. Gott kann auch nur ein Licht sein. Fürleicht geht er auch manchmal in Kneibe und sagt Broscht ihr Gemeinde.

Gertrud Hausladen, 48 Jahre

Gott ist immer da,
auch wenn wir
ihn nicht sehen,
er ist wie die Luft
um uns herum,
auch im Himmel,
er ist immer da.

Heinz Humpf, 49 Jahre

Warum glauben Menschen an Gott?

Wenn ein Mensch stirbt muss die Seele irgendwo hin.
One Glaube gibt auch keine Feste.
One Glaube gibt auch keine Freunde.
One Glaube gibt auch keine Liebe
One Glaube gibt auch keine Leben.

Gertrud Hausladen, 48 Jahre

Warum glaubt man immer nur an Gott, wenn es einem schlecht geht?

Weil man einem immer die Schuld geben muss.

Christian Fast, 21 Jahre

Ist Gott eine Erfindung des Menschen?

Nein, er ist keine Erfindung der Menschen, er ist seit Beginn dieser Welt da.

Heinz Humpf, 49 Jahre

Ja, um an etwas zu glauben. Das ist wohl eine Idee, an der man sich festhält. So in etwa kann man sich das vorstellen.

Peter Beilstein, 46 Jahre

Wen Gott Eine Erfindung des Menschen Ist Dan Kann ess Nur Der Erste Papst Gewesen Sein Eim Mensch Der Fon Der Angst Der Anderen Profietiert Hat Erhat Ihn Sich Ausgedacht Die Könige Harben Ihn Geld Gegeben Die Ersten Kirchen Wurden Gebaut und Alle Harben Ihn und Seiner Selpst Erfundenen bibel Geglaupt

Marcel Trapp, 17 Jahre

Seit wann gibt es Gott?

Gott gibt es schon lange.
Gott ist immer schon da.
Bis du stirbst, dann gibt es ihn nicht mehr.
Jeder stirbt einmal.
In Grein ist schon wieder jemand gestorben.

Peter Gstöttmaier, 49 Jahre

Schon viele Jahre. Er ist auf jeden Fall älter als ich – viel älter.

Peter Beilstein, 46 Jahre

Seit es Menschen gibt

Lieselotte Steinmeier, 78 Jahre

Das Kann Man Nicht
Genau Sargen wer
weis op Ess Den Gott
Fon Darmalts Noch
Gipt Fileicht Macht
ess Jetst Schon Der
Sohn Wer weis Fi-
leicht Wurden Wier
Ja Auch Fergezen

Marcel Trapp, 17 Jahre

Hat Gott die Welt erschaffen? Wie kam er auf die Idee, die Welt zu erschaffen?

Ja, das hat er. Er war alleine und wollte neues Leben.
Er hat sich da richtig was bei gedacht.

Peter Beilstein, 46 Jahre

Wieso zeigt sich der liebe Gott nicht?

Weil er keine Zeit hat auf die Erde zu kommen. Ich würde mir wünschen, dass er mal runter kommt.

Robertino Rims, 49 Jahre

Betet Gott auch? Zu wem?

Gott betet zu uns, weil er auch manchmal ein schlechtes Gewissen hat, weil er auch nicht immer da ist, wenn er gebraucht wird.

Heike Schöttler, 54 Jahre

Zu wem soll der denn beten? Der ist doch selbst der Gott. Und 'n Gott kann nicht beten. Der hört nur zu. Und unsere Gebete? Ob der die hört? Es weiß doch keiner, ob det den gibt.

Ralf René Bernd Vaegler, 52 Jahre

Welche Aufgaben hat Gott? Was arbeitet er?

Er gibt uns den Impuls für andere Gutes zu tun, damit wir das gleiche tun wie Jesus.

Heinz Humpf, 49 Jahre

Uns alle zu beschützen, und wenn die Zeit gekommen ist, zu sich zu holen.

Christian Fast, 21 Jahre

Amen. Der liebe Gott macht mich fromm, dass ich in den Himmel komm.

Monika Lemme, 43 Jahre

Das ist ein Wort für den Sonntag.

Erika Anders, 53 Jahre

Das ist Verschiedenes. Das kann ich nicht direkt sagen, weil ich noch nicht zu der Zeit geboren war. Der ist verantwortlich. Für die, die nachdenken. Ob die Leute was falsch machen oder richtig machen.

Friedrich Bahlo, 66 Jahre

Dass er den anderen hilft und vergibt und so und ihnen zuspricht. Das könnte er noch mal und das könnte er machen. Der hilft einem darin. Das macht er in seiner Hütte, die er hat. Der hat so 'nen Kittel an aus Stoff. Der schreibt was, irgendwie so Gotteslieder und so. Mit Federhalter. Er hilft einem in der Not. Er betet irgendwie so und hilft einem damit.

Gabriele Bahll, 72 Jahre

Welche Aufgaben hat Gott? Was arbeitet er?

Er hilft kranken Leuten, er tröstet, wenn jemand traurig ist. Er hat einen Religionsjob, oder wie man so was nennt. Ich frag' noch mal besser den Pfarrer Müller, der muss das besser wissen. Der hat das ja gelernt. Der Pfarrer Müller und Gott sind ja so was wie Arbeitskollegen.

Peter Beilstein, 46 Jahre

Wo ist Gott, wenn man ihn braucht?

Gott ist immer da, aber er redet nicht immer, weil wir ihn nicht hören wollen. Wir Menschen wollen nicht hören, weil wir selber bestimmen wollen. Nur wenn man in der Kirche zur Ruhe kommt, dann kann man ihn hören.

Marion Richter, 52 Jahre

Er hat komischerweise keine Zeit wenn man ihn braucht. Er ist dann mit den Problemen anderer Leute beschäftigt.

Robertino Rims, 49 Jahre

Was ist Leichtgläubigkeit?

Ich glaub ganz leicht an gute Sachen,
dass es mir gut geht
bis mir schwindlig ist.
Wenn ich die Augen zu mach,
bin ich leichtgläubig.

Birgit Darchinger, 50 Jahre

Wo ist Gott, lebt er noch gut?

Gott ist in der Kirche drinnen. Man kann ihn dort besuchen. Er ist immer da. Auch in der Nacht. Gott ist aber dann weg. Aber wenn der Pfarrer heimgeht, geht Gott auch heim. In den Himmel. Er kommt aber eh wieder, wenn sie ihn brauchen.

Peter Gstöttmaier, 49 Jahre

Liebt Gott alle Menschen? Woran merkt man das?

Ja, er liebt jeden Menschen, wenn man ein Glücksgefühl im Bauch haben kann. Wenn man etwas Tolles erlebt, z.B. wenn ich bei einem Konzert sein darf.

Christian Fast, 21 Jahre

Zum Teil schon. Wenn's gute Menschen sind, ja. Wenn's schlechte Menschen sind, bestraft er sie.

Peter Beilstein, 46 Jahre

Ja, alle.
Das merkt man zum, Beispiel daran, dass er die Sonne aufgehen lässt.

Heinz Humpf, 49 Jahre

Straft Gott die bösen Menschen? Warum? Wie?

Das sie in die Hölle kommen und ewig gwalfoll leiten müssen.

Walter Grohma, 62 Jahre

Nein, er straft nicht, das ist nur die Macht der Menschen.

Heinz Humpf, 49 Jahre

Was ist ein Fegefeuer?

Das man die lestigen Sünden wegbekommen.

Walter Grohma, 62 Jahre

Weiß Gott wirklich alles?

Nicht alles. Manchmal nur die Hälfte. Weil man nicht alles sagt. Wenn wir was verschweigen, kriegt Gott nicht alles mit. Das ist gut.

Robertino Rims, 49 Jahre

Das kann gut sein. Ich glaube schon, weil er mächtig ist. Aber das Wissen sammelt er nicht allein. Er hat ja Helfer. Die Pfarrer zum Beispiel, die in Gottes Auftrag arbeiten. Der Pfarrer trägt die Sorgen seiner Kirche Gott zu.

Peter Beilstein, 46 Jahre

Darf Gott auch Jeans anziehen?

Man weiß es nicht, ob Gott mal wirklich eine Jeans anhat. Weil, wahrscheinlich nicht. Weil Gott wahrscheinlich weiße Gewänder trägt. Mit Jeans würde es komisch aussehen.

Sabine Scherer, 23 Jahre

Muss Gott sich rasieren?

nein gott mus sich natürlich nicht rasieren weil er ein gott ist und er macht es mit der macht. oder er reist sich die hare mit einer Pinzete raus.

Rene Saiger, 16 Jahre

Muss Gott sich rasieren?

Ja natürlich! Gott muss sich auch rasieren, er hat ja schließlich auch einen Bart. Sonst würde er ja einen Vollbart haben, wenn er sich nicht rasieren würde.

Robertino Rims, 49 Jahre

Gott gann sich rasieren aber er mus nicht. Wen Gott es meint das er sich rasieren muss … das ist Gott seine entscheitong. Das ist nich meine entscheitong ob Gott sich rasieren soll oder auch nicht. Alles Gott seine entscheitong. Da gann ich nix zu sagen ob der Gott sich rasieren soll.

Anja Albrecht, 16 Jahre

Nein Gott mus sich nicht rasieren weil Gott die Welt regirt. er darf sich nicht rasieren sonzt ist er Nicht mer Gott sondern ein Normaler Mensch.

Christian Böhm, 16 Jahre

Warum werden Flüsse, Berge etc. als Götter verehrt?

Weil die Menschen irgendwas woran sie glauben brauchen und Berge und Flüsse etwas beruhigendes und schönes haben.

Christian Fast, 21 Jahre

Warum gehen wir in die Kirche?

Wir gehen in die Kirche Weil es auch Beichte gibt in der Kirche eibne Brister als Selsorger vur krangeleute

Stephan Merz, 51 Jahre

Warum gehen wir in die Kirche?

Das wir in den Himmel kommen sonst kommen wir in die Hölle und müssen qwalvol leiten.

Walter Grohma, 62 Jahre

Ich singe so gerne meine Lieblingslieder.

Katharina Hahne, 29 Jahre

Wieso treten viele Leute aus der Kirche aus?

Weil es da so langweilig ist.

Alexander Braun, 53 Jahre

Warum muss der Gottesdienst sonntags immer schon um 10 Uhr sein?

Es steht geschrieben am 7. Tag sollst du Ruhn. Fürleicht war Gott am 7. Tag so vertig das er mal ein aus-Zeit braucht. Oder ist ihn ein Idee ausgegangen.

Gertrud Hausladen, 48 Jahre

Was machen Pfarrer, wenn nicht Sonntag ist?

Sie geben Nachhilfe in Religion.

Jan S., 29 Jahre

Sie gehen spazieren.

Lieselotte Steinmeier, 78 Jahre

Sie konzentrieren sich auf ihre Texte für den nächsten Sonntag.

Katharina Hahne, 29 Jahre

Der Pfarrer redet aber auch den Leuten gut zu. Das Böse anzustellen, das redet der Pfarrer den Menschen aus.

Peter Gstöttmaier, 49 Jahre

Am Montag geht der Pfarrer einkaufen. Am Dienstag ist der Pfarrer im Wirtshaus. Am Mittwoch geht der Pfarrer in die Schule. Am Donnerstag isst er einen Apfel. Am Freitag kauft er sich ein Buch. Am Samstag nimmt er sich eine Tafel Schokolade.

Daniel Kopp, 14 Jahre

da gehen sie in die Bahr und tringen mit Jesus und got Schnaps. Und dan geht er mit den Beiden zu Jesus und trinken ein Bier und dan gehen sie zu got und trinken Schnaps und Bier und Wein und alles gemischt.

Rene Saiger, 16 Jahre

Was machen Pfarrer, wenn nicht Sonntag ist?

Die Pfarrer fahren mit dem Ministranten auf einen Ausflug. Oder der Pfarrer geht mit dem Ministranten und seinem Hund spazieren.

Tina Werner, 16 Jahre

Wozu braucht man einen Papst? Was macht der Papst?

Er schreibt Bücher und schreibt viele Zettel und so. Er, wie soll ich sagen, trägt viel. Weiß Sätze an und für sich, die er wiederbringt dem Volk und sagt Gottes Wort.

Gabriele Bahll, 72 Jahre

Weil der Papst manchmal noch dem Pastor hilft, wenn der Pastor nicht mehr weiter weiß. Und der Pastor ist niedriger als der Papst und der Küster ist höher als der Pastor. Der Papst sagt dem Küster: „Hilf mir mal!" damit der Papst in verschiedenen Sachen weiterkommen kann. Das hat mir Pastor Friedrich Friedrichsen verraten. Der Papst hat für Ordnung in der Paterschaft zu helfen. Der Pater ist höher als der Papst. Der Papst hilft dem Pater zum Beispiel in kirchlichen Ordnungssachen, obwohl der Papst niedriger ist als der Pater.

Friedrich Bahlo, 66 Jahre

Was ist der Sinn der Taufe?

Für mich ist der Sinn der Taufe, dass man weiß, dass Gott uns immer begleitet.

Christian Fast, 21 Jahre

Aufnahme in die Glaubensgemeinschaft

Moritz Herrfurth, 33 Jahre

Gibt es Engel? Wer oder was ist ein Engel? Was machen Engel?

Engel gibt es, er beschützt dich in schlimmen Situationen, zum Beispiel, wenn man sich verletzt oder krank ist und man wird wieder gesund, dann hat man im Leben einen Schutzengel. Wenn du für einen da bist, für einen Partner oder Freunde, dann sagt man ja „mein Engel".

Angelika Kepper, 54 Jahre

Engel sind Flattermäuse, die sich langweilen. Doch keine Wassermäuse. Engel – das ist nur 'ne Sage. Die hat man früher auf Papier gemalt. Weil das auf das Bild, wo Jesus auch drauf gemalt war, alles so schön passte. Engel gibt's andauernd. Ich glaub die sterben auch nicht aus so wie die Menschen. Oder was meint ihr?

Friedrich Bahlo, 66 Jahre

Gibt es Engel? Wer oder was ist ein Engel? Was machen Engel?

Engel fliegen.
Alle zusammen sind eine Familie.
Sie können gut zuhören.
Sehen kann man sie nur manchmal.
Im Garten.
Die sind recht klein.

Peter Gstöttmaier, 49 Jahre

Was essen Engel?

Gute Engel leben von Luft und Liebe und böse Engel von Blitz und Donner.

Norbert Ciesla, 60 Jahre

Die Engel wissen nicht was Essen ist. Die brauchen das nicht. Das hat für die keine Bedeutung.

Robertino Rims, 49 Jahre

Natürlich diesen weißen Frischkäse. Das kennt man ja aus der Fernsehwerbung. Ich selber glaube, dass Engel alles das essen, was wir auch essen. Mein Schutzengel heißt Gerry und kommt aus Amerika. Und ich glaube, dass der genau so gern Nudeln mit Tomatensoße isst wie ich und dass er auch genauso gern mal zu McDonald's essen geht. Man sieht ihn doch nicht und er wäre ja schön doof, wenn er das nicht machen würde. Er kann sich ja einfach unbemerkt was von meiner Portion nehmen.

Katharina Henning, 37 Jahre

Gar nichts.

Bettina Ehluss, 50 Jahre

Was essen Engel?

Die Engel esen Eis mit heisen Himbereenen mit Sanne weil sie selber süß sind.

Dominique Hammerbacher, 23 Jahre

So ganz kleines
Fleisch, mit Reis
und Soße drauf.
Brot und Obst.
Ganz viel Obst.
Äpfel, Weintrauben,
Birnen, Bananen.
Nur viel kleiner –
ganz klein!

Monir Chaatouf, 30 Jahre

Wie heißt der Mann eigentlich wirklich, der immer in dem Weihnachtsmannkostüm steckt?

Personen, wie Norbert, Denny, Klaus, Egon, Dieter, Hans, Sebastian, Ronny, Günther, Wolfgang, Hartmut, Lars, Karl, Joachim, Heinz - und viele andere.

Norbert Ciesla, 60 Jahre

Robertino Rims! Weil ich mich ja jedes Jahr verkleide als Weihnachtsmann. Das macht mir sehr viel Spaß.

Robertino Rims, 49 Jahre

Wieso feiern wir Weihnachten?

Jesus geboren am 24. Dezember. Es brennen vier Lichter am Kranz. Da haben manche Geburtstag am Tag. Wir feiern mit der Familie am Ort ja. Auch bei Onkel und Tante, Oma. Immer Gerede. Es schneit viel. Wetter Hilfe brauchen schneit. Spielen, lachen. Silvester.

Maria Wittenzellner, 32 Jahre

Wieso feiern wir Weihnachten?

Weihnachten ist zum Rückblicken und zum Innehalten gedacht man sollte es nicht als Gon summ Fest ansehen. Man sollte an andere Denken die Nicht zu viel besitzen und an die Kranken die zu dieser Zeit in Krankenhaus sind. Es ist die Zeit im Jahr die man mit der Familie und Freunden verbringen sollte. Nach meiner Meinung sollten die Leute nicht nur an Geschenke denken sondern an die schwächsten der Gesellschaft z.B. an die Opfer von Natur Katastofen oder an Sozialschwache Familien die grade mal so viel haben das Sie überleben könne. Das Fest der Liebe wird in diesen Tagen viel zitiert aber was bedeutet das man kann auch viel tun. Das soll jetzt nicht heißen das Sie Spenden sollen. Aber das man an die Menschen denkt und nach seiner Fasson und seinen möglichsten hilft. Und wen es nur im Gebet ist.

Norman Saß, 25 Jahre

Weil es das Fest der Liebe ist, deshalb feiern wir das. Indem man sich zusammensetzt und gut isst, Geschenke verteilt oder sich beschenken lässt. Da ist ja der Herr geboren, die Geburt Jesu feiert man ja da. Man feiert, weil man sich gerne hat.

Michael Liebmann, 47 Jahre

Warum gibt es an Ostern Ostereier?

Das die Geschefte etwas fertinen.

Walter Grohma, 62 Jahre

TOD & STERBEN

Illustrationen

Jeannine Tschopp

* 1986 in Wolhusen (Schweiz)

Jeannine Tschopp

Mein Markenzeichen: Figuren mit großen Augen, Brustwarzen und Bauchnabel!

Ich bin die Älteste von drei Geschwistern. Bis zu meinem 18. Geburtstag habe ich Zuhause gelebt. Dann wechselte ich in das Heilpädagogische Zentrum Sunnebüel in Schüpfheim. Die Wohngruppe Ganesh im Sunnebüel ist mein Zuhause. Ich bin gerne dort und fühle mich sehr wohl.
Schöne Kleider und etwas Schminke gefallen mir. Ganz besonders liebe ich orangen Nagellack. Ich tanze auch gerne zu fetziger Musik, liebe Feste und Partys. Es macht mir sehr viel Freude beim Luzerner Stadtlauf dabei zu sein. Natürlich bereite ich mich mit einem regelmäßigen Joggingtraining darauf vor. Haushaltarbeit liebe ich weniger. Ich wasche nicht gerne ab und auch abstauben, fegen oder wischen gehören nicht zu meinen Lieblingsbeschäftigungen.
An sieben Halbtagen pro Woche arbeite ich im Atelier. Ich habe dort schon das Märchen Rotkäppchen verfilmt und dabei die Hauptrolle gespielt. Es macht mir riesigen Spaß in verschiedene Rollen zu schlüpfen. Im Atelier arbeite ich auch mit Glas. Ich schneide es zu, verziere es und lasse es in einem Ofen auf 1000 Grad schmelzen. Es heißt Glasfusing. Den größten Teil meiner Beschäftigung widme ich dem Zeichnen und Malen. Meine Zeichnungen und Skulpturen haben alle ein bestimmtes Markenzeichen: Figuren mit große Augen, Brustwarzen und einem Bauchnabel! Ich habe schon an einigen Kunstausstellungen teilgenommen. Es ist ein tolles Gefühl für mich auszustellen. Ich bin wirklich stolz und freue mich meine Werke zu zeigen.

Was ist der Tod?

du hast keinen Puls
und kannst nicht mehr fühlen
du atmest nicht mehr
du siehst nicht mehr

Max Möhle, 16 Jahre

Der Tod ist, wenn das Herz stehen bleibt und der Körper nicht mehr arbeiten kann.

Monjana Cox, 17 Jahre

Warum müssen alle Menschen sterben?

Es sind zu viele Menschen auf der Erde. Man kann nicht so viele Menschen pflegen. Zu wenig Häuser, Arbeitsstellen, Essen, Schulen.

Felix Fischer, 14 Jahre

Weil die alt sind und weil die sonst nicht in den Himmel gehen.

Petra Forbrich, 43 Jahre

Weil Atam und Eva vom ferbotenen Apfelbaum gegesen haben.

Walter Grohma, 62 Jahre

Warum müssen alle Menschen sterben?

Wurden geboren um zu leben und anschließend zu sterben?!?!? Versteh ich irgendwie nicht, wozu denn leben, wenn man doch eh sterben muss?!?!? Denn das Leben ist nur geborgt, nach unsrem Leben müssen wir es zurückgeben. Denn alles muss oder hat sein Ende. Zumindest Gottes Ansicht nach.

Diana Joy Jäger, 23 Jahre

Weil wir auf der Erde nicht genug Platz haben.

Alexander Braun, 53 Jahre

Es fängt mit der Geburt an, man lebt sein Leben und muss auch dann irgendwann sterben. Erst ist man ein Baby, ein kleiner winziger Mensch, dann ein Kleinkind, dann wird man ein Kindergartenkind, ein Schulkind, ein Jugendlicher, ein Erwachsener, geht es zum alten Menschen, dann zum Erlöser der Herr, der sich zu uns holt. Ja, wenn ein wunderbarer Mensch geht, wird immer ein neuer Mensch geboren.

Manuela Weber, 36 Jahre

Was passiert, wenn man stirbt?

Der Arzt muss untersuchen
Bescheinigung
Pfarrer anrufen
dann läuten die Glocken

Dominic Betzler, 15 Jahre

Was passiert, wenn man stirbt?

Der tote Mensch schläft in der Erde. Dann kommt Seele im Himmel heraus. Baby Neue Mama Papa. Es wird Schwangerschaft den Bauch vom Schwangerbauch.

Matthias Röttger, 45 Jahre

Was passiert, wenn man stirbt?

Wenn ich sterbe bin ich tot und es ist fertig. Ich gehe dann ins Grab.

Jeannine Tschopp, 27 Jahre

Das Herz bleibt stehen. Es ist wie ein ewiger Schlaf, nur dass man nicht atmet.

Monjana Cox, 17 Jahre

Wie könnte sich Sterben anfühlen?

Damals, wo man nicht auf der Welt war, nicht mal im Bauch von der Mutter, da fühlte man sich unsichtbar. So wahrscheinlich, oder wenn man tief und fest schläft, dann sieht man nichts, man hört nichts, man fühlt nichts. Alles ist still um sich herum und so ist das auch mit dem Tod, nur dass dazu kommt, dass man nicht atmet und nie aufwachen wird.

Monjana Cox, 17 Jahre

Wie könnte sich Sterben anfühlen?

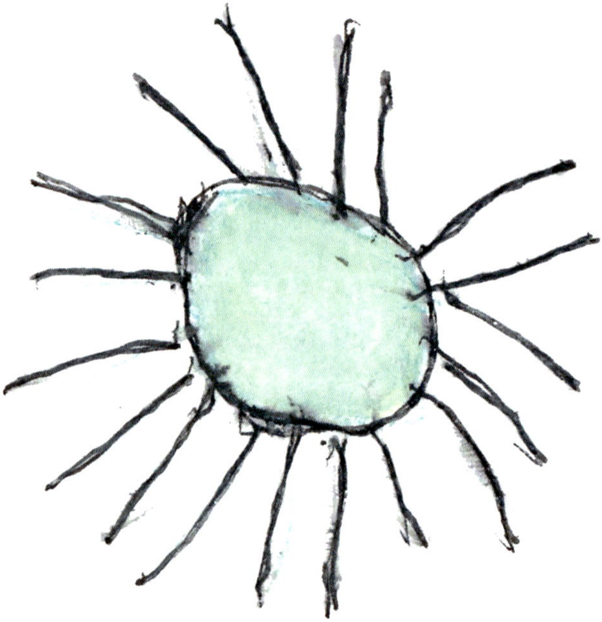

Weiß
Kalt
Licht
Nicht bewegen
Herz schlägt nicht

Vasilios Dasiopoulos, 15 Jahre

Warum haben viele Menschen Angst vor dem Tod?

Weil sie wissen, dass dann alles vorbei sein wird. Man muss Freunde verlassen, Familien, Mann oder Frau, Kinder. Man sieht nichts mehr von der Welt. Man kann nie wieder laufen, sehen, reden, denken, fühlen. Man kann nie wieder nichts machen. Nicht mal die Welt sehen. Stattdessen muss man alleine still um sich herum im Grab liegen und in sich stecken.

Monjana Cox, 17 Jahre

Es macht Angst, dass ich nicht weiß, wie sterben ist.

Ralf Fritsch, 45 Jahre

Woran merkt man, dass man tot ist?

Daran, dass man sich nicht mehr lebendig fühlt und das Herz nicht mehr schlägt und nichts mehr von der Welt mitkriegt, alles dunkel und still ist.

Monjana Cox, 17 Jahre

Woran merkt man, dass man tot ist?

Man merkt es, dass der Mensch steif ist und kalt und er atmet nicht mehr.

Anika Huell, 21 Jahre

Was kommt nach dem Tod? Gibt es ein Leben nach dem Tod?

Ja, das Leben geht weiter. Die Seele wandert nach oben, der Körper bleibt liegen. So hat es mir unser Pfarrer erklärt.

Erika Anders, 53 Jahre

Es gibt kein zweites Leben.

Monjana Cox, 17 Jahre

Also wenn einer stirbt, versuche ich mir vorzustellen, dass er auf einer Weltreise ist. In dieser Zeit wird für Dich im Himmel ein Haus gebaut. Und wenn du dann stirbst, ist dein Haus fertig.

Meike Lutz, 49 Jahre

Was kommt nach dem Tod?
Gibt es ein Leben nach dem Tod?

Ich weiß nicht wie sich das anfühlt. Ich bin ein gläubiger Mensch, ich glaube an die Wiedergeburt. Wenn ich tot bin, bin ich bei Gott und Jesus, dann sehe ich meine Großeltern wieder. Die Eltern von meinem Vater und von meiner Mutter. Ich habe Down Syndrom, aber ich fühle mich nicht sehr behindert. Down Syndrom habe ich in diesem Leben gekriegt. Innen in mir stört es mich und im nächsten Leben nach dem Tod will ich es nicht mehr bekommen.

Wenn ich tot bin, dann lasse ich mich verbrennen und die Asche kommt nach Wien in die Urne hinein. Im Elterngrab möchte ich sein. Die Leute, die mich in Gallneukirchen gekannt haben, dürfen zur Verabschiedung kommen, aber nicht die aus Ried. Aber es ist noch lange bis dort hin.
Ich habe in diesem Leben Hepatitis B gehabt und nach dem Tod habe ich keines mehr.
Wo kommen wir hin, wenn wir im Himmel sind? Da sehe ich die Menschen wieder, die ich verloren habe. Die sehe ich wieder, im Himmel. Ich treffe Thomas, meinen Arbeitskollegen, Gudrun, die mich beim Wohnen begleitet hat und den Elvis, den Michael Jackson und Falco, weil ich ihre CDs habe. Dann red ich Englisch mit Elvis und Michael Jackson. Ich treffe Heidi Hammer, sie wird mich in die Arme nehmen und küssen. Da ist es immer warm, da geht's mir gut und mir ist nicht kalt. Gott bringt das Licht mit. Wenn meine Mutter stirbt, ist sie auch oben im Himmel.
Ich schaue mir den Himmel an, da bin ich nicht so allein, weil auch Jesus bei mir ist und Gott. Aber jetzt spüre ich, dass noch nicht, wie es oben im Himmel ausschaut und zu meiner Verabschiedung soll die Theatergruppe kommen, Arno und Erika. Ich mag die Wiedergeburt, denn dann werde ich bei meinen Eltern sein und nicht im Heim.

Stefan Mann, 34 Jahre

Gibt's nach dem Tod Himmel, Hölle und Fegefeuer?

Die Hölle ist eine Luke. Da kannst du reinkriechen. Für Ameisen und so Sachen.

Peter Gstöttmaier, 49 Jahre

Ich denke mal nicht, dass es Himmel und Hölle gibt. Jeder Mensch tut mal was Gutes oder Böses. Alle Menschen können beruhigt in den Tod gehen.

Monjana Cox, 17 Jahre

Ob es nach dem Tod einen Himmel oder eine Hölle gibt, glaube ich, werden wir wohl erst im Augenblick unseres Todes erfahren. Aber ich, für meinen Teil, glaube daran. Doch so sicher ich mir bin dass es einen Himmel gibt, so sicher gibt es auch eine Hölle. Denn auf dieser Welt gibt es genug „Teufel" in Menschengestalt, die nur Unfrieden stiften (Mord, Krieg, Misshandlung ...). Und so etwas darf einfach nicht auch noch belohnt werden und in den Himmel kommen. Irgendwo muss es ja auch mal gerecht zugehen. Daher muss es einfach eine Hölle geben, oder etwas in der Art, in der diese „Teufel" für all ihre Untaten auf Erden bestraft werden. Aber was das Fegefeuer angeht, von dem die katholische Kirche erzählt, das gibt es nicht. Es wurde nur vor langer Zeit von der Kirche erfunden um den Gläubigen Angst zu machen und ihnen, für viel Geld natürlich, Schriftrollen und anderen Krimskrams zu verkaufen, die sie angeblich von ihren Sünden befreien und vor dem Fegefeuer bewahren sollten. Daher sage ich JA zum Himmel. Zur Hölle der Gerechtigkeit halber auch JA. Aber das Fegefeuer, auf keinen Fall. Aber das ist nur meine Meinung.

Roswitha Sänger, 36 Jahre

Gibt's nach dem Tod Himmel, Hölle und Fegefeuer?

Es gibt Menschen, die anderen Leid angetan haben, z.B. Vergewaltiger und Mörder, um nur zwei zu nennen, die kommen ganz weit weg von uns in die Hölle und dort müssen sie arbeiten bis zum umfallen. Damit sie sehen, was sie den anderen angetan haben. Ach ja, und wenn sie nicht arbeiten, gibt es nichts zu essen, sondern werden an Fußketten gelegt. Sie müssen dann wirklich leiden.

Meike Lutz, 49 Jahre

Das Wort Hölle
sagt schon alles
ich hab Höhenangst
im Himmel oben
ganz oben hab ich Höhenangst
Hölle ist nichts für mich
auf der Erde bleiben
bei den Tieren
oder in der Welt bei Menschen bleiben
ganz oben ist nichts für mich

Klaus Rexin, 66 Jahre

Wie sieht es im Himmel aus?

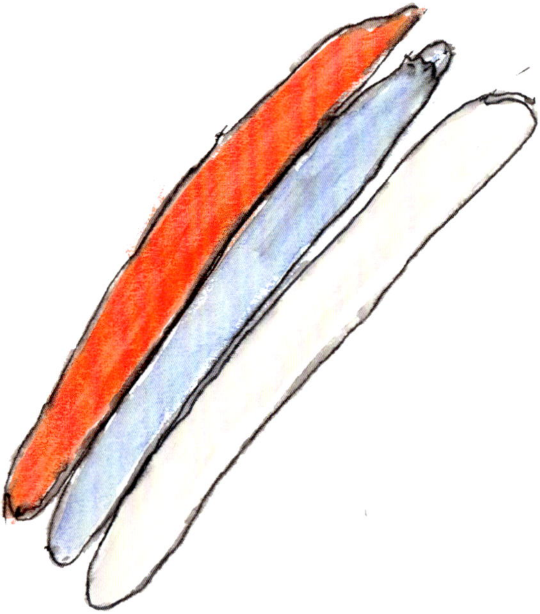

weiß rot blau

Justin Gildner, 15 Jahre

Der Himmel ist blau. Weiß sind die Wolken. Der Himmel ist sehr schön, man ruht bei Gott in Frieden. Auf dem Regenbogen ist meine Mama in den Himmel mit ihren Schmerzen erlöst aufgenommen worden. Im Himmel ist ihre Seele und der kranke Körper ruht bei Gott. Mein Papa ist auch beim Regenbogen im Himmel dazu gekommen. Ich bin manchmal sehr traurig darüber, dass ich meine lieben Eltern im Todesfall verloren habe.

Andreas Lorenz, 53 Jahre

Wie sieht es im Himmel aus?

Nach Regen Engel fliegen

Bettina Ehluss, 50 Jahre

Ich denke mal, dass er sich glatt anfühlt

Michael Liebmann, 47 Jahre

Der Himmel ist blau.
Der ist sicher da.
Die Sonne kommt
ja auch da her.
Also muss es den
Himmel geben.

Peter Gstöttmaier, 49 Jahre

Wie sieht es im Himmel aus?

Im Himmel sind nur weiße Wolken und das große Himmelspfortentor – sonst nix.

Robertino Rims, 49 Jahre

Im Himmel wohnt der Gott, weil der immer an mich denkt.
Im Himmel gibt es einen Mond und Häuser.
Im Himmel schweben Wolken.
Im Himmel gibt es Tiere. Löwen brüllen. Es gibt vom Tier eine Erde. Es sieht schön aus.
Aus dem Himmel sieht man Vögel. Sie fliegen nach Afrika, weil die da wohnen.
Der Himmel ist ein Raum. Der Raum ist blau, weiß und silber. Es ist ein kleiner Raum mit drei Fenstern. In den Raum darf nur der Gott rein.
Ich würde auch gerne im Himmel wohnen.

Carolin Walter, 20 Jahre

Wie sieht es im Himmel aus?

Schön! Da ist immer schönes Wetter, weil die Sonne scheint. Da braucht man keine Jacke, da sitzen die Engel und lachen.

Monir Chaatouf, 30 Jahre

Was ist die Seele? Gibt es sie? Wo ist sie?

Ja. Im Herz. Keine Ahnung wie die aussieht.

Jan Krebs, 17 Jahre

Die Seele sitzt im Kopf.
Sie macht, dass mir leicht
schwindlig wird vor lauter Glück.
Die Seele macht mich manchmal
traurig.
Ne Seele hat nicht jeder!
Bei traurigen Menschen sieht
man die Seele.

Birgit Darchinger, 50 Jahre

Lebt die Seele weiter, wenn Menschen verbrannt werden?

Ja. Im Himmel. Ganz durchsichtig

Yannic Krause, 14 Jahre

Wo geht die Seele hin, wenn man stirbt?

wen der Mensch stirbt geht die Seele in den Himmel. wen Mann stirbt Dann stirbt die Seele auch Manchmal Schaut die Seele Runter und kommt mich besuchen wen sie da ist spüre ich sie. Ab und zu kommt sie auch auf die Erde zurück.

Miriam Kuster, 23 Jahre

Warum glauben Menschen an Wiedergeburt?

Die Menschen haben viel Angst vor dem Tod. Deshalb wünschen sie sich eine Wiedergeburt, dass sie noch einmal ein neues Leben haben und von vorne anfangen können und alle Sachen anders machen können, was sie im vorigen Leben verkehrt gemacht haben.

Iris R., 45 Jahre

Weshalb haben einige Menschen Selbstmordgedanken?

Ich glaube, diese Menschen haben niemanden zum Reden. Sie sind sehr einsam. Sie fühlen sich von „allen verlassen" und sehen nichts schön im Leben. Das Leben läuft „den Bach runter".

Monika A., 34 Jahre

Werden die Eskimos im Eis beerdigt?

Ja, damit sie frisch bleiben für die Wiederauferstehung.

Heike Schöttler, 54 Jahre

ANHANG

Autorenverzeichnis

Die Wortfinder e.V.

Der als gemeinnützig anerkannte Verein „Die Wortfinder e.V." wurde 2010 in Bielefeld unter Federführung von Sabine Feldwieser gegründet. Er hat den Zweck, das Kreative Schreiben und die Literatur sowie die damit in Zusammenhang stehenden künstlerischen Gestaltungen von Menschen mit geistigen oder psychischen Beeinträchtigungen (zum Beispiel Menschen mit geistiger Behinderung, Menschen mit autistischen Störungen, Menschen mit Demenz) und Menschen in besonderen Lebenslagen (z.B. Menschen im Hospiz, Jugendliche in Heimen, obdachlose Menschen) zu fördern. Der Schwerpunkt der Vereinsaktivitäten liegt bei Menschen mit einer so genannten geistigen Behinderung.

Der Verein verwirklicht seine Ziele insbesondere durch:

- Ausrichtung von Literaturwettbewerben
- Lesungen
- Durchführung von Schreibwerkstätten
- Förderung von Publikationen
- Aufbau und Pflege eines Archivs
- Unterstützung und Durchführung von Forschungsprojekten
- Durchführung von Seminaren und Fortbildungsveranstaltungen
- Öffentlichkeitsarbeit

Die Wortfinder freuen sich über jede Unterstützung.
Spenden für den Verein Die Wortfinder e.V. Spenden sind steuerabzugsfähig!

Weitere Informationen, Fotos und Texte sind auf der Homepage **www.diewortfinder.com** zu finden.

Kontakt: diewortfinder@t-online.de

Die Wortfinder e.V.

Sabine Feldwieser

Sabine Feldwieser, 1961 am Fuße der Schwäbischen Alb geboren, studierte in Tübingen Psychologie und Ethnologie. Sie ist Gruppenleiterin für Kreatives und Biografisches Schreiben, Sterbebegleiterin und Integrative Kunst- und Ausdruckstherapeutin (HPG). Unter anderem arbeitete sie in einer Einrichtung für Menschen mit geistiger Behinderung in Neuseeland, als Referentin im internationalen Jugendaustausch und als Lehrende für Psychologie am Oberstufenkolleg in Bielefeld. Seit 2003 ist sie freiberuflich tätig mit dem Schwerpunkt künstlerische Arbeit mit Menschen mit Behinderung. In Bielefeld initiierte sie das Projekt „Bildnerisches Gestalten mit Menschen mit starker geistiger Behinderung", das sie viele Jahre leitete. Sie bietet Weiterbildungen an, führt inklusive Schreibwerkstätten durch, organisiert und leitet Kunstworkshops, gibt Bücher heraus. 2010 gründete Sabine Feldwieser den Verein „Die Wortfinder", dem sie mittlerweile einen großen Teil ihrer Arbeitszeit widmet. Für den Verein entwickelt sie verschiedenste Kunst- und Literaturprojekte und setzt diese in die Praxis um. Zahlreiche Publikationen sind bereits erschienen. Sie lebt in Bielefeld.

www.diewortfinder.org

DANKE

Wir danken der Hörmann KG aus Steinhagen für die sehr großzügige Unterstützung unseres Projekts.

HÖRMANN
Tore • Türen • Zargen • Antriebe

Unser Dank geht auch an die Volksbank Bielefeld-Gütersloh eG, an die Bertelsmann SE & Co. KGaA sowie an alle weiteren Personen, die dieses Projekt finanziell oder durch ihre ehrenamtliche Mitarbeit unterstützt haben.

IMPRESSUM

Herausgeber
**Die Wortfinder e.V. und
Sabine Feldwieser
www.diewortfinder.com**

Idee, Konzeption & Ausführung
Sabine Feldwieser

Gestaltung
**Christin Ferri & Rasmus
Bruning, Sabine Feldwieser**

Layout
**Christin Ferri & Rasmus Bruning
www.rasmusundchristin.de**

Gesamtherstellung
Druckerei Kettler, Bönen

Erschienen im
**Verlag Kettler, Dortmund
www.verlag-kettler.de**

VERLAG **KETTLER**

1. Auflage: 2016

Band 1
**Meine Getanken sint wichtik
ISBN 978-3-86206-544-8**

Für den Umschlag wurde eine Zeichnung von Monir Chaatouf verwendet.
Der Titel stammt von Markus Schatz.

Weitere Bände

Band 2
Und die Welt klingt wie Musik
Band 3
Wenn man verliebt ist, wird das Herz ganz rot
Band 4
Warum steht das Reh im Wald?

Band 1–4 im Paket:
ISBN 978-3-86206-562-2